红色记忆® 51

黎明前的暗战

海南省文化交流促进会　编著

南海出版公司
2016·海口

图书在版编目（CIP）数据

红色记忆 . 51，黎明前的暗战 / 海南省文化交流促进会编著 . -- 海口：南海出版公司 , 2016.5（2025.1 重印）
ISBN 978-7-5442-8359-5

Ⅰ . ①红… Ⅱ . ①海… Ⅲ . ①革命传统教育－中国－青少年读物 Ⅳ . ① D642-49

中国版本图书馆 CIP 数据核字（2016）第 119438 号

HONGSE JIYI · 51——LIMING QIAN DE ANZHAN

红色记忆 · 51——黎明前的暗战

作　　者 海南省文化交流促进会
总 策 划 刘　栋
顾　　问 贾延岩
执行总编 任在齐
责任编辑 聂　敏
封面设计 郑广明
排版印务 白　多
发行总监 杨成春
出版发行 南海出版公司　电话：（0898）66568505
社　　址 海南省海口市海秀中路 51 号星华大厦五楼　邮编：570206
电子信箱 nhpublishing@163.com
经　　销 新华书店
印　　刷 天津睿意佳彩印刷有限公司
开　　本 787 毫米 × 1092 毫米　1/16
印　　张 6.25
字　　数 103 千字
版　　次 2016 年 5 月第 1 版　2025 年 1 月第 2 次印刷
书　　号 ISBN 978-7-5442-8359-5
定　　价 39.80 元

序

对历史无知的人，没有真正的信仰可言；没有信仰的人，不可能拥有美好的理想，不可能胸怀崇高的情感，也就不可能担负起任何责任。用欲望文化代替历史教育，足以使一个国家的青年被腐蚀、使一个民族的希望被毁掉，使这个国家和民族被永世万代地奴役！

鉴于此，我们呼唤历史，唤回那段属于二十世纪的“红色”历史，唤回那段炮火硝烟、颠沛流离的历史，唤回那冲天的狼烟留下的悲壮回忆、岁月年轮沉淀的斑驳痕迹。历史不应该被忽略，更不应该被遗忘，牢记那段革命战争年代的红色历史更是责任。为了那些不应该被忘却的记忆，为了那些不应该被丢弃的信念，于是就有了这套《红色记忆》丛书。

曾记否，当草鞋与意志丈量出来的两万五千里穿越一个伟大民族五千年的荣辱兴衰，革命的火种被一路播撒、一路点燃。人迹罕至的雪山、荒无人烟的草地被鲜血浸透，衬映出一段光辉的里程；万水千山早已被远远地抛在身后，一轮红日在黄土高原磅礴而起。满目疮痍的河山在1936年10月温暖如春……

曾记否，当生命和鲜血浸染的十几年光阴将一种记忆铭刻进一个伟大民族的历史画卷，革命的火焰从星火到燎原。这栏杆拍遍、易水悲歌般的呼号，这折戟沉沙、慷慨赴义的悲壮，这铁马冰河、枕戈待旦的苦战，这红旗漫卷、所向披靡的豪迈……腔腔热血、铮铮铁骨早已被熔铸成一座不朽的丰碑，中华民族从苦难中百死后生的壮丽诗史凝结成了五星闪耀的红色记忆。

曾记否，中华人民共和国成立以来，又有无数英烈接过前辈用鲜血染红的旗帜，或壮怀激烈戍边卫国，或忠于职守鞠躬尽瘁，或绝甘分少奉献大爱，甘做国家强盛、人民富裕的铺路石，成为和平年代民族复兴的荣光，把人民心中的红色记忆浸染得分外鲜艳，永不褪色。

这红色记忆，是信念不衰、志向不改的崇高气节；这红色记忆，是无私无我、生属苍生的博大胸怀；这红色记忆，是敢为人先、披荆斩棘的拓荒精神；这红色记忆，是中华民族最宝贵的精神财富。它告诫我们，人事有代谢，传承无绝期。缅怀先烈精神，继承先烈遗志，是社会的道德和民族的良心，是后来者须臾不可忘怀的本分。

老一代人把历史的真实交付给我们，我们有责任用真实还原历史，传承给下一代，把那段岁月与现在年轻人的生活连接到一起，使他们眼中的历史变得立体、真实、可靠，让历史成为他们前进的动力。本丛书将那些流动的、随时会飘散在时间天际的事件凝固下来，希望透过这些文字、图片，感受到英雄们那坚定的革命信念，感受到那个年代澎湃的革命激情，真切体会那段“红色历史”。

忘记历史，就意味着背叛。让我们重温历史，缅怀先烈，从中汲取力量，毅然前行。

刘栋

目录

CONTENT

目录

CONTENT

“红色间谍”钱壮飞

文／王 凯 刘 佳

钱壮飞是中国共产党早期隐蔽战线上的杰出代表，周恩来曾把他与李克农、胡底并称为我党情报工作的“前三杰”。他长期担任国民党特务头子徐恩曾的机要秘书，在这个特殊的岗位上，为党中央的安全和红军反“围剿”的胜利作出了重要贡献，特别是发生在1931年4月的顾顺章叛变事件，更使钱壮飞成为中共情报史上的传奇人物。周恩来每当念及此事，都会动情地说：“如果没有钱壮飞，我们这些人早就不在了。”

钱壮飞

栖身虎穴

钱壮飞1895年出生于浙江湖州一个殷实的绸商家庭，六岁进洋学堂读书，学业优异；十二岁进入浙江省立第三中学（今湖州中学）；十八岁只身到北平，住在湖州会馆。1915年，钱壮飞在族亲钱玄同的帮助下考入北京医科专门学校，1919年毕业后留京行医，1925年经内弟介绍，他和夫人张振华加入中国共产党，随后以医生的职业为掩护，从事党的宣传工作。

1927年大革命失败后，钱壮飞到河南开封冯玉祥的西北军当军医，后因军中欠饷严重，迫于生计又去上海谋生，与党失去联系。第二年，他无意中在报上看到一则无线电训练招考广告，经考试以第一名的成绩被录取。这个训练班是国民政府军事委员会调查统计局骨干、上海无线电管理局局长徐恩曾主办的，徐恩曾很赏识这个博学多才的年轻人，又见他同是湖州同乡，所以很快便将钱壮飞调入上海无线电管理局工作，并让其担任自己的秘书。1929年冬，徐恩曾调任国民党中央组织部党务调查科主任，亦将钱壮飞带到南京，委以机要秘书要职。

运筹敌营

国民党中央组织部党务调查科是中统的前身，是陈果夫、陈立夫直接操纵的特务机关。到调查科工作后，已与我党组织重新联系上的钱壮飞深感关系重大，便通过李克农向中央请示。周恩来听了汇报后认为机会难得，提出要将国民党的特务组织拿来为我们服务，并决定让钱壮飞、李克农和胡底三人组成特别党小组，直接归中央特科单线领导。随后经钱壮飞介绍，李克农和胡底也相继进入国民党特务机关并受到徐恩曾的重用，成为党务调查科在上海、天津方面的重要负责人，三人形成了打入国民党内部的“红色间谍网”。

徐恩曾是个花花公子，整天混在舞厅、酒馆，他把所有的事都交给钱壮飞具体负责，钱壮飞便把女婿刘杞夫等可靠的人安排到调查科，一方面处理日常事务，另一方面担任他和李克农等人联系的秘密交通。当时，调查科所有的电报、情报和各种文件，都首先要经过钱壮飞之手，由他审阅并提出处理意见，徐恩曾只在上面签个字，这样钱壮飞就掌握了调查科的全部机密。他们截获了敌人大量机密情报，源源不断地向我党中央传送，特别是在红军进行第一、第二次反“围剿”战斗中，钱壮飞将获得的许多重要军事情报，通过李克农准确及时地转交给党中央，对红军作战起到了重大作用。

救险龙潭

1931 年 4 月 24 日，中共中央政治局候补委员、中央特科负责人顾顺章在武汉被捕，旋即叛变。4 月 25 日晚，顾顺章被秘密送上一艘货轮，连夜押送南京。

几小时后，国民党中央组织部党务调查科的机要员把一份标有“绝密”字样的电报送到正在值班的钱壮飞手中。钱壮飞见发电地址是武汉行营，标明“徐恩曾亲译”，而当时正值周末，徐恩曾正在上海度假，钱壮飞也没在意，随手把电报放到一边。但接下来不到一小时的时间里，机要员却又接连送来四份来自武汉行营的绝密电报，并且全都注明“徐恩曾亲译”。究竟是什么事情这样紧急？这五封密电究竟藏着什么秘密？钱壮飞起了疑心，他拿出从徐恩曾那里偷偷复制的电报密码本开始逐一破译，方知顾顺章已叛变。

顾顺章是负责中央特科工作的主要领导人，掌握着中共中央的大量核心机密，如果把这一切和盘托出，几天后的大上海将是一片腥风血雨，更可怕的是，党中央对即将到来的灭顶之灾还一无所知。押运顾顺章的货轮大约在 4 月 27 日上午到达南京，加上半天的紧急部署，4 月 28 日国民党就有可能进行大搜捕。而当时已接近 4 月 25 日子夜，情报最迟必须在 26 日傍晚前送交上海李克农，否则即使得到消息

钱壮飞

也根本没时间转移。钱壮飞发现当晚还有一趟去上海的火车，急忙回到家中叫起女婿刘杞夫，让他连夜赶往上海通知李克农。

刚送走刘杞夫，机要员又送来一封加急密电：“切勿让钧座以外人知道，否则将中国共产党上海地下机关一网打尽的计划会落空。”钱壮飞顿时明白了自己的处境，顾顺章对自己的身份一清二楚，电报中所说的徐恩曾以外的人，指的正是自己。他连忙将几封密电恢复原状，放在徐恩曾办公桌上，随后快步赶往隔壁中央饭店四楼的“长江通讯社”，用小刀把办公桌上的地图划出一个“十”字，暗示安插在这里的我党地下工作人员切断一切联系迅速撤离。最后，他给徐恩曾写了一封信，压在办公桌的玻璃板下：“可均先生大鉴：行色匆匆，未及面辞，尚祈见谅。政见之争，希勿罹及子女。不然，先生之秽行，一旦披露报端，悔之晚矣！”

第二天清晨，钱壮飞结束了值班从容离开，直接来到火车站，跳上了南京开往上海的列车。与此同时，先行出发到达上海的刘杞夫，也在一家小旅馆内找到了李克农，李克农立刻通过陈赓将情况汇报给周恩来。此后的两天两夜，中共中央、江苏省委、共产国际远东局等共产党几十个秘密机关和周恩来、瞿秋白、王明、博古、邓颖超、邓小平、陈云、陈赓、聂荣臻等几百名工作人员及地下交通员等全部转移，使国民党搜捕人员扑了空。从此之后，党中央从上海转移到江西苏区。

徐恩曾怕被追究，经疏通上司陈立夫和有关同僚，向蒋介石隐瞒了秘书钱壮飞是共产党员及密码已泄露之事，这样其密码也一直未更改。当时红军的对敌侦察主要依靠无线电侦听，长征万里一次也未中埋伏，并总能选择敌人“合围”的薄弱部位跳出，钱壮飞功不可没。直到蒋介石死后，徐恩曾才将自己隐瞒几十年的往事公之于众。他在回忆录中说：“自己一生所犯的最大的错误，就是重用了钱壮飞。”

魂隐乌江

钱壮飞到达中央根据地后，先后担任了中央革命军事委员会总参谋部第二局（情报局）副局长等职。1934年10月，钱壮飞随中央红军参加了长征，1935年遵义会议后调任红军总政治部副秘书长。同年4月在贵州乌江渡口一带失踪，后被断定为牺牲，年仅三十九岁。对于这位谍海奇侠牺牲的地点和原因，多少年来一直众说纷纭，大体上有以下几种说法：

一是空袭遇难。1940年，周恩来把钱壮飞家人接到延安，其妻子张振华在重庆苦苦等待了八年，此时才得知丈夫的死讯。钱壮飞次子钱一平回忆说："在杨家岭，周恩来和邓妈妈把我叫去说，'你爸爸在第二次过乌江时遭敌人袭击，展开了激烈的战斗。等国民党飞机停止轰炸后，队伍集合走了一段路，我发现他不在身边，就下令一支队伍回去找……你爸爸牺牲了……'"另据当地群众反映，在空袭时曾有人看见一位骑白马的红军战士坠入乌江渡口，其体貌特征与钱壮飞极为相似。

二是行军时掉队遭反动民团杀害，持此说法的有金沙和息烽两地。据金沙县党史办的调查，当红军大部队过江后，有一位红军战士沿着主力部队过江的路线单独向乌江北岸方向走来，天快黑时，他误入当地恶霸地主的帮凶黎丛山家，请求带他过江。黎丛山见他单身一人还带有包裹，遂生歹意，便"热心"地为他带路。当行至今后山乡岩口时，趁这位红军观察过江路线时猛然将其推入三十余米深的岩底，然后又下岩用乱石把他砸死，抢走了手枪和所有衣物。后来当地群众将其遗骨就地掩埋，中华人民共和国成立后修水库时又将其迁往后山乡张家垭口，并立一石碑，上书"红军烈士之墓"。金沙县党史办经过多方调查论证后认为，这位遇害的红军就是钱壮飞。但息烽党史办则认为，钱壮飞是渡过乌江后牺牲于息烽县流长乡宋家寨旁的没良坑。宋家寨的老百姓介绍，一位自称叫夏树云的红军战士因病与大部队失去联系，栖身于宋家寨的一座山神庙内，被跟踪而至的敌"清乡团"骨干罗绍安抢去行李。夏树云找到当地的里长陈玉顺说："你们这里一个大麻子抢去了我的行李，别的东西可以不要，但有一枚印章和一些书籍必须还给我，否则找到部队后我可不答应。"此事后被"清乡团"委员宋子桢得知，他与手下密谋将夏树云推入四十多米深的没良坑中摔死。后据当时参与杀害红军的凶手之一宋昭荣交代，那位红军的体形、相貌、年龄、口音均与钱壮飞酷似，后来有关方面又拿钱壮飞的照片让宋昭荣辨认，宋说照片上的人就是被宋子桢推入没良坑的夏树云，因此息烽党史办认为夏树云就是钱壮飞。

钱壮飞牺牲在金沙、息烽一带的乌江渡口，看来已无异议，但其牺牲真相究竟如何，目前尚无定论，只有留待后人去辨析考证了。

（本文选自《党员干部之友》）

华阿金——舍生为群众的地下交通员

文／史　智

1937年11月25日，侵华日军在进犯南京途中攻占江南名城无锡。从这一天起，日军对这片土地进行了长达八年的蹂躏与劫杀。腥风血雨、肝撕肺裂、草木哀号，已成为无锡民众对那段屈辱历史的血色记忆。在中国共产党的组织领导下，无锡人民揭竿而起，与日军展开殊死搏斗，无数豪勇壮士血洒疆场、为国捐躯。华阿金，这位出身贫苦的共产党地下交通员，就是其中的一位。

贫寒家事

华阿金，1895年生于无锡梅村镇（今属无锡市新吴区梅村街道）一个叫德仁里巷的小村庄。不幸的是，华阿金降临人世没几年，他的父母就因贫病交加离开了尘世。幼失怙恃的华阿金，过早开始了苦涩的人生。

为了生活，华阿金除了租种几亩田地之外，还利用农闲学会了编织竹篮的手艺，并经常外出钓些鱼来卖。尽管华阿金想尽了法子、拼足了全力，仍是过着缺衣少食的贫寒生活。

华阿金是个善良厚道的人，眼看着自己和广大农民兄弟终年劳碌却不得温饱，地主老财四体不勤却锦衣玉食，他那颗心被世道的不公激起了波澜。

1927年深秋，华阿金毅然参加了共产党领导的无锡农民秋收起义，开始了与黑暗社会的抗争……

接受重担

1937年，无锡进入了漫长的冬季。

目睹日军肆无忌惮地烧杀掳掠，无锡的血性志士发出了愤恨的怒吼。那时，城区和交通线上几个主要乡镇以外的广大农村，先后自发涌现了三十九支游击队，人数有两千五百余人。这些游击武装，虽然都打着抗日保家的旗号，但人员构成鱼龙混杂，各路首领的政治倾向和动机都不尽相同。

为了团结和争取各路抗日力量，1938年5月，中共江苏省委派京沪线工委委员王承业（王仲良）到无锡重建中共无锡县委，领导无锡地区的抗日斗争。按照江苏省委提出的“找到关系，站住脚跟，开展工作”的指示，王承业到无锡后，决定将立足点放到梅村地区。

这年5月的一天，由朱秀谷介绍，王承业与担任梅村小学校长的陈枕白取得了联系。经过考察，不久后恢复了陈枕白和其他几人的组织关系。王承业要求陈枕白负责安排自己的落脚点。这件事非同小可，陈枕白经过一番思量，最后决定将王承业安排在华阿金家。

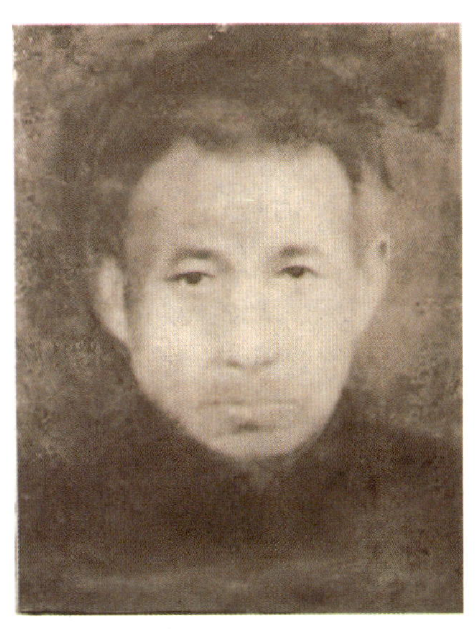

华阿金

选定华阿金家，主要是考虑到华阿金一家忠诚可靠、痛恨日军，德仁里巷的十三户人家又大都是贫雇农出身，觉悟较高。另外，德仁里巷的位置比较偏僻，离梅村镇中心有一千多米路，加上整个村子被茂密的树木、竹林遮挡，便于隐蔽立足。对于这个安排，王承业觉得比较妥当。

不日，王、陈两人来到华阿金家，陈枕白拉着华阿金的手说道：“阿金，这位先生要在你这里住下来，做些抗日救亡宣传工作，请你妥善安排住所，帮助料理生活。”

听罢陈枕白说明来意，华阿金二话没说当即表示同意，并立马将家里像样一点的地方，也就是准备给大儿子结婚的那个房间腾出来，给王承业当作卧室兼工作室。

对于王承业落脚他家，华阿金觉得这不是一个简单的住宿安排问题，而是领导对自己的信任和考验，是党组织交给自己的一项严肃而又光荣的重要任务。

路遥知马力，日久见人心。经过一段时间的观察和考验，华阿金以自己的忠诚、机智，赢得了领导的信任。1938年冬季的一天，党组织正式做出决定，由华阿金担任地下交通员，他家也随之成为地下党的秘密交通站。

1939年清明前后，华阿金如愿加入了中国共产党。

长夜守护

自从华阿金家成为地下党的秘密交通站之后，他便开始忙碌起来。

那时，无锡地下党组织的领导人经常出入他家，有的聚会之后随即离去，有的则需留宿过夜。这样一来，除了白天需要把门望风之外，晚上还要站岗警戒。

在王承业来到华阿金家不久的一天傍晚，锡北地区的陆富全奉陈枕白之命前往华阿金家向王承业汇报工作。当陆富全汇报完毕并接受新任务准备离开时，华阿金对他说道：“陆先生，天色已经很晚了，你就住在我家吧，明早再走。”

在安排好陆富全的食宿后，华阿金对妻子耳语了几句，便默不作声地抱着一大捆稻草消失在夜色之中……

第二天，天刚蒙蒙亮，陆富全辞别了通宵工作的上级领导，蹑手蹑脚地推开大门，向打谷场走去。

刚走到打谷场，他突然发现草堆旁边有个影子在晃动。“啥人？”陆富全警觉地低声问道，右手随之习惯性地紧紧握住了腰间的驳壳枪。

就在他猫着腰向“目标”靠近的当口，从草堆方向传来了一句问话：“是陆先生吗？”话音刚落，那“目标”就出现在了陆富全的跟前。直到这时，陆富全才看清来人的面孔，原来是华阿金。

看着华阿金抱着的一捆稻草绳，陆富全这才恍然大悟：原来，华阿金为了确保地下机关和领导人的安全，在草堆旁搓了一整夜的草绳，站了一夜岗啊！

此时此刻，陆富全按捺不住激动的心情，紧紧抱住了华阿金，动情地说道：“同志，你辛苦了！”

憨厚的华阿金微笑着摇头答道：“这算什么呀，辛苦的是你们，你们没日没夜地为我们办事，我们也要尽到自己的责任啊。”

几个小时之前，对于陆富全来说，华阿金还是个陌生人，而现在，他们就像一对久别重逢的老友，谈笑自如，亲密无间。

智传情报

地下交通站建立后，来自澄锡虞地区的敌情都要汇集到这里，许多重要指示和情报也要从这里秘密传递出去。

那时，王承业领导的中共无锡县委和林枫领导的中共江南特委，曾先后驻扎在华阿金家。这些地下组织的领导人，不是单单留宿过夜，还经常聚在一起商议抗日大事，如改造地方游击武装、组织抗日群众团体、发展党员和扩大抗日武装等。此外，1939 年 5 月，中共江南特委的机关报《江南》，也曾在这里编辑、油印和发行。

这样一来，华阿金肩上的担子变得越来越重，面临的危险也越来越大。

令人敬佩的是，每当遇到困难和危险的时候，华阿金从未流露畏难情绪，也没有胆怯却步，他考虑得最多的，是怎样保护领导机关的安全和完成情报传递任务。

1941 年 9 月，日伪军对澄锡虞地区发动了残酷的“清乡”，党的活动被迫转为单线联系。党的领导机构转移了，但交通站的任务加重了，那段时间，锡东与锡南之间的联络工作，主要是由华阿金负责的。

敌人在交通要道上修了篱笆、挖了深壕、设了电网、筑了碉堡，使得情报的传递变得越来越艰难，越来越危险。但对于机智灵活的华阿金来说，这些都算不了什么。白天，他常将情报卷成小纸卷，藏在竹篮角上的竹管内，然后挑着竹篮走村串巷叫卖。虽然沿途也少不了敌人的盘查，但这些情报从来没有被发现过，都安全迅速地送到了目的地。他还经常利用夜色作掩护，假装外出钓黄鳝，冒着生命危险，一次次地通过敌人的瞭望台，成功地将情报送到西石村等地，保证了锡东与锡南之间的情报交换畅通无阻，为反“清乡”斗争作出了贡献。

舍生取义

1942 年 4 月，敌人对澄锡虞地区的“清乡”已宣告结束，留守坚持的地下党组织和小型武装正处于逐步恢复活动的时期。为了打开无锡地区抗日斗争的新局面，中共苏中区党委决定派刚成立不久的中共澄锡虞中心县委南下无锡。5 月中旬的一天，中心县委书记钱敏和委员包厚昌、史雨生，带领一支队伍，渡过滚滚长江，经过一番苦战，进入了无锡地界。

到了无锡，他们才发现，这里的斗争形势比他们原先估计的要严峻得多。他们顾不上休整，迅速与在无锡地区坚持斗争的地下组织领导人取得了联系，并一起研究制定斗争策略。华阿金家，就是他们秘密碰头的地点之一。

6 月初的一天，突然下起了瓢泼大雨，东南风也一阵紧似一阵地呼啸着。这天下午，钱敏身穿长袍，装扮成下乡收购茧子的商人，冒雨来到华阿金家，等待包厚昌前来碰头。谁知就在此时，意外的情况发生了，正坐在堂屋编竹篮的华阿金听到一阵急促惊慌的尖叫声：“爸爸，爸爸，敌人来了！”

发出警报的，是华阿金的三儿子国良。当时，他正在自家后门口切猪草，一抬头发现东北方向的坡塘桥上有一百多个日伪军正直奔德仁里巷村而来，于是，他迅速向屋里的父亲发出了警报。

华阿金和钱敏听到警报后，急忙出门观察，他们发现敌人已将整个村子团团围住。眼看敌人就要搜索到自家，怎么办？转移，已经来不及了；躲藏，又没有藏身之地。面对这突如其来的危急情势，华阿金并没有慌乱，他让妻子装病躺在门旁的床上，叫口袋装有苏州“良民证”的钱敏坐在床边，以舅甥相称装作探病的样子，想以这个法子骗过敌人。

一切安排妥当后，华阿金便默默地坐在大门口，一边编竹篮，一边冷眼观察敌人的动向。

敌人事先已得到密报，知道德仁里巷村口第一家是共产党的地下交通站，但他

们误认为是村西头的第一家了。于是，他们像一群野狗，狂叫着直奔而去，抓走了这家的主人华阿二。之后，敌人开始由西向东挨家挨户进行搜查。

在华阿金家，几个伪军对钱敏进行了盘问，华阿金和钱敏按照事先商量好的口径一一做了回答，巧妙地骗过了敌人。

为了彻底搜查共产党和新四军干部，日伪军一面将全体村民驱赶到了打谷场上，一面将华阿二关在一间房子里进行严刑拷打，逼他说出共产党和新四军干部的下落。屋里，阿二发出阵阵惨叫；场上，敌人用刺刀对着群众挨个逼问。此情此景，令华阿金悲愤满怀，他担心敌人一旦达不到目的，必然会恼羞成怒、滥杀无辜。这样的结果，是华阿金无论如何都不愿看到的。

“谁是共产党？谁是新四军？”一个伪军歇斯底里地号叫着。华阿金突然拨开人群，挺身而出，边走边冲着敌人厉声吼道：“我就是共产党，我就是新四军！”

华阿金的突然出现，让敌人如获至宝，他们以为能够从他的口中挖出更多共产党、新四军的干部名单。于是，他们一面将场上的村民集中关进一间大房子，一面将华阿金拖到华根金家进行拷问。

面对敌人的淫威，华阿金毫不怯懦，视死如归。他以钢铁般的意志，经受住了敌人一次又一次的严刑拷打，几次昏死过去，又被敌人用冷水浇醒……

一个小时过去了，三个小时过去了，敌人除了在华阿金的身上留下一道道伤痕之外，还是没有从他的嘴里得到任何东西。

黄昏时分，风雨交加，已经遍体鳞伤的华阿金，被丧心病狂的敌人拖到村西南的竹园里进行最后的逼问，问一句，刺一刀。华阿金始终一声不吭，最终因被刺了三十七刀而壮烈牺牲。

华阿金，一个纯朴平凡的农民，一个普通的地下交通员，用自己的宝贵生命，换来了党的领导干部和人民群众生命财产的安全。

他生得伟大，死得壮烈，死得光荣。

（本文选自无锡史志网，有删节）

交通员王鹏：中央派往东北联系到抗联的“第一人”

文／刘　桐

他是中共中央成功对接上东北抗日联军的第一人，将中共中央的决策、意志成功地在抗日联军的队伍中广泛传播。王鹏是他的化名，他原名为彭申年，又曾化名王朋、赵明德等。1908 年出生，系东北抗联第七军成员。

1936 年夏，王鹏赴苏联学习，1937 年底随陈云等返回到中共中央所在地延安。1939 年受中央派遣，王鹏前往东北地区寻找、对接东北抗日联军。1940 年寻找并对接上抗日联军周保中部队后，1943 年前后在返回延安途中牺牲。

1940 年初冬，渤海湾风高浪急，从山东龙口前往辽宁大连的船上全都是被欺骗赴伪满洲国（简称伪满）的劳工。有一个年轻人也混在其中，他的目的是前往东北对接失联的抗日联军。

其实早在抗战初期，中共中央就试图恢复与东北抗联的联系，在全面抗战期间也始终没有中断过。从 1938 年开始，中共中央就曾多次派出交通员前往寻找、对接东北抗日联军，建立交通网传递情报和中央的决策。其中，最著名的一例就是交通员王鹏的千里跋涉寻找抗联。

中共中央与抗联长期失联 派出交通员迫在眉睫

自 1934 年 10 月红军长征时起，中共中央就同东北抗日联军失去组织联系。1937 年下半年，东北抗联同中共驻共产国际代表团的联系也完全断绝。这样东北的抗日战争就缺乏中央的统一领导，给抗联带来了很大的损失。

在与抗联长期失去组织联系的情况下，以毛泽东为核心的中共中央采取各种措施，努力恢复中共中央、关内主力部队同东北抗联的组织联系。早在九一八事变以后，中国共产党就曾考虑过主力红军直接对日作战的问题，但在当时被国民党重兵包围的险恶形势下这显然不可能实现。

1935 年中央红军长征到达陕北后，由于主力红军距离抗日前线东北和华北更加接近，也把关内主力部队向东北挺进的任务提上了议事日程。1938 年后，在中共中央和东北抗联已完全失去组织联系的情况下，党中央更加重视八路军挺进东北的工作，尤为关注冀热辽根据地的建设。

1939 年 1 月 26 日，毛泽东在中央书记处抗联工作研究会议上指示，“现在的问题是使中央同东北抗日联军建立联系，首先派交通员并设法派电台去”。此后，党中央和中央东北工作委员会把恢复中央与东北抗联的联系作为东北地下党的重要任务，并和冀热辽根据地一起向东北多次派遣联络员。

化装成“伪满”劳工乘船赴东北寻找抗联

1939 年 6 月 10 日，王鹏奉中共中央东北工作委员会和杨松的派遣，作为中央派往抗联各军的联络员之一，同前往杨靖宇部第一军的李义广一起离开延安准备赴东北寻找联系东北抗日联军。

抗日战争期间，杨靖宇在蒿子湖密营生活旧址

王鹏从延安出发，先是向南经西安、渑池地区，然后再折向东到达垣曲，直至到达太行山区的八路军总部。

出发前期，王鹏一路都很顺畅，在到达黎城后，寻找到时任一一五师代师长的陈光，他亲率三百余人护送王鹏到山东沂水的中共北方局鲁南分局。

王鹏在鲁南分局等待了五个月，一直寻找机会准备前往东北。摆在王鹏面前的有两条道路：一是走陆路，通过山海关出关到东北；二是走海路，通过渤海湾前往东北。

后来王鹏发现，日本和“伪满”官员正在关内招募劳工到东北地区，王鹏就利用这个机会先是前往胶东地区，再由山东龙口化装成为赴“伪满”的劳工前往东北。

受日军盘查不得已吃掉证明身份的介绍信

经过渤海湾的长途颠簸后，王鹏终于在 1940 年初冬到达辽南，而后又经过南满铁路到哈尔滨，按照之前抗联活动的地点寻找。

王鹏到东北后，处处都受到日军和伪军的严密搜查。当年在山东等待过海到东北的时候，中共山东分局书记朱瑞为王鹏开具了一张证明信，为了确保证明信的安

全，朱瑞只是在一张纸上盖上了自己的图章。

当时在东北各交通沿线，都有日军的严密盘查，王鹏害怕暴露交通员身份，不得已吃掉了朱瑞所开的证明信件。

通过报纸上消息分析寻找抗联队伍

王鹏到达哈尔滨后，停顿了很长时间，因为很难寻找到在山林深处活动的抗联队伍。随后，王鹏发现报纸上有不少关于日伪军“围剿”抗联队伍的信息。他就买来“伪满”报纸，寻找有关抗日联军的消息。当他看到有关日军在饶河讨伐抗日联军的报道后，就迅速赶到饶河。而后又经过千里跋涉，终于在 1940 年 6 月在饶河找到了以王效明、彭施鲁为首的抗联第二路军二支队，成为唯一与抗联部队会合的中央交通员。

寻找到抗联队伍后，王鹏第一时间向王效明传达了党中央“要第七军派一个忠实可靠的同志作为代表随他到延安，参加中共（六届）七中全会”，并熟悉交通线以备今后联系的指示。

多年后，彭施鲁回忆：“发生了一件使我们颇感意外的事，有一个自称叫王鹏的三十来岁的人，在大旗杆一带找到了我们，说他是由党中央派到东北来寻找东北抗日联军的，但没有任何信件，也没有任何可以说明他的身份的证件。”

随后，彭施鲁从他的言谈以及所提到的有关八路军的抗战情况来看，有可信之处，但也不排除有假冒之嫌。彭施鲁便和李成祥副大队长商量，将他转送到王效明那里。王效明认为要慎重对待，又转送到周保中那里。

最后，经过周保中和王鹏详细交谈之后，认为王鹏是可信的，而后又将他带入苏联境内，并想在苏联人协助下让他由新疆返回再去延安。

彭施鲁回忆：“在新中国成立后我向不少人谈起王鹏的事，最后在 1981 年才从原吉林省省长于克同志那里得知是经他的手将王鹏从山东派往东北抗日联军的。他当时在山东省负责社会部工作。这件事说明东北抗日联军想在当时和党中央建立起直接联系是多么困难啊！”

从截至目前所能找到的资料来看，中共中央从华北、山东派了不少人去东北寻找抗日联军，只有王鹏找到了周保中。

化名赵明德途经新疆被捕牺牲于狱中

长期以来，关于与东北抗日联军建立联系的第一人、中央交通员王鹏何时何地牺牲，一直都是一个谜团。

伴随近年来党史资料的整理和研究发现，王鹏应该是在从苏联返回延安途经新疆的时候被盛世才逮捕，随后被杀害的。

新疆的阿合买提江，1943年被“新疆王”盛世才政府逮捕，在狱中结识了一位叫赵明德的汉族人。阿合买提江回忆，赵明德自称是东北抗日联军成员，在狱中介绍了日本侵略者的侵略暴行，还介绍了中国共产党的抗日主张，介绍共产党的政策等，还带进来两本党的进步书籍，向阿合买提江等狱中进步人士宣传。

阿合买提江回忆，自称赵明德的人当时三四十岁，说是在1942年被关进盛世才的监狱。1943年，监狱看守以提审为由，将赵明德带走，然后就再也没有回来过，估计被盛世才的反动政府杀害了。

目前，党史研究人员大都认为，王鹏也是在同一时间途经新疆向延安返回，随后就没有了消息，而狱中的赵明德其实就是王鹏再度的化名。

（本文选自《华晨商报》）

京西深山里“永不消失的电波”

文／杨　旗　褚英硕

情报战线的工作往往令人充满好奇和崇敬。抗战期间，门头沟区妙峰山镇深山村涧沟村，从1939年起就成了平西抗日根据地重要的情报联络工作站，负责传递情报、转运人员物资，成为深山里的隐蔽战线。

假扮夫妻深山洞里传情报

抗战期间，涧沟村附近的妙峰山顶曾驻扎着日军，那里形势复杂，许多为抗战情报、物资传递工作作出突出贡献的人，都是单线联系、隐蔽作战，他们的事迹直到平西情报交通联络站纪念馆开馆时，才被村民得知，广为流传开来。

史料记载，抗战期间，秘密电波从涧沟村收发，情报在这里接送，物资在这里转运，大批爱国青年、革命人士和国际友人，也常通过这里秘密前往延安。1939年至1949年间，在平西情报交通联络站工作的人员近一百名，其中有十人为革命而牺牲。他们为晋察冀根据地的建设，为北平解放作出了重大贡献。而这期间，电视剧《潜伏》中为情报工作而假扮夫妻、后又成为真爱人的故事，在这个小村里真实上演。

在平西情报交通联络站纪念馆院内西北角，辟有一间被称为“秘密小屋”的展室，里面有一个身穿蓝褂、坐在石板桌前操作电台的“农妇”。讲解员介绍，这座雕塑的原型是一名叫苏静的地下工作者。1943年冬，她被委派到涧沟村新建电台，侦察日军敌情。为绝对保密，她与落脚的农户家的儿子假扮夫妻，

平西情报交通联络站旧址

早晨跟“婆婆”一起做饭，白天与“家人”一起下地干活，到了晚上她就在一个狭小的山洞里用电台收发情报。

记者在村中多方打听，对于当年苏静将电台安放在哪个山洞里、具体“嫁”给哪家做媳妇、后来又去往何处，村中老人都表示对此事不得而知，可见当时工作的隐秘性。

除苏静外，当年平西情报战线上曾经有一对“假戏真做”的夫妻王文和王凤岐。王凤岐曾是女游击队队长，为掩护王文秘密发报，组织上安排她假扮王文的妻子来到北平城，暗中保护王文，并找来一名五十多岁的老太太作为王凤岐的“婆婆”，与二人生活在一起。尽管他俩一个是留苏学生，一个是农村妇女，却最终由假夫妻变成了真爱人。讲解员介绍，二人的后代现居天津，前几年曾经来到涧沟村，追寻先人曾经的足迹。

老交通站长和村民打成一片

纪念馆第一展厅里有块“平西交通联络站工作人员名单”的展板，上面记录着九十九名情报人员的名字，但是还有许多未被记录的人。他们隐姓埋名，和亲朋断绝联系，默默无闻地独立作战。

1944 年，三十四岁的梁波被派往妙峰山，任平西情报交通联络站站长，负责从妙峰山到北平城内的情报和秘密交通工作。当时，情报站驻扎在涧沟村西紧靠山坡的民房里，为的是有情况便于迅速撤到山里。梁波虽是个大学生出身的干部，但丝毫没有架子，他常和乡亲们聊天儿、拉家常。在这里工作的三年间，梁波与涧沟村民结下了深情厚谊。

现在村里八十岁以上的老人，大都还清楚地记得梁波。纪念馆东北方向约二百米处，是孙德全老人的家。孙德全回忆，梁波瘦高个子，长方脸，戴副眼镜，书生气十足。那时，梁波经常和同志们一起用小石磨磨面，带着大家种西红柿、土豆，亲自动手为大家做好吃的饭菜。有一次，村农会主任赵凯得了疟疾，病得厉害，梁波把自己保存的一点珍贵的药品送到赵凯家，并和情报站的同志一起帮赵凯家干农活儿。孙德全回忆说：“有一次文艺晚会上，大伙儿‘起哄’让老梁表演节目，他就用鼻子发出‘嗡嗡嗡’的声音逗我

平西情报交通联络站纪念馆

们开心。”

梁波看上去文质彬彬，像个文弱书生，但他却负责着最危险的交通工作。平西情报交通联络站主要负责收集北平、天津及东北的地下交通员送来的情报，然后派发到边区社会部。为了更详尽、更迅速地掌握情报，梁波不顾危险，经常深入敌占区北安河、鹫峰一带，和北平城中来的交通员当面交谈，以确保交通员能够当天返回北平。最终，梁波将余生都奉献给了平西情报交通联络站。

地下交通员当上村支书

在这份九十九人的名单上，有位叫王德顺的情报人员，是唯一一位涧沟本村村民。村民赵桐说，王德顺是土生土长的涧沟村人，中华人民共和国成立后曾任涧沟村党支书。

八十多岁的老人赵桂芝，是王德顺的弟媳。在她的印象中，王德顺一直在外奔波，每次回村，都是暗地里挨家挨户拜访，号召妇女给八路军做鞋。“我那时也给八路军做过鞋，做完了鞋，他就背着走了。他这个人又高又瘦，不太爱说话，可为八路军、老百姓做事儿一点儿私心都没有。”赵桂芝回忆说，后来当了村支书的王德顺，在二十世纪七十年代带领村民修好了从涧沟村到妙峰山顶的道路，“开山修路时，他是哪里有危险就带头去哪里，才有的这条山路。”

直到十多年前，终生未娶的王德顺去世，他对自己抗战期间担任情报站地下交通员的事儿都只字未提，后来村民从名单里看到他的名字，才知道他默默为民族独立、村民幸福操劳了一生。这些隐蔽战线上的尖兵，不畏艰险，不怕牺牲，他们用永不消失的电波，为党和人民建立了不朽功勋。

（本文选自《京郊日报》）

记抗战时期地下工作者耿子强

口述／耿丽雅　　整理／崔玉玲

我的父亲耿子强，1924年出生，是饶阳县思吉村人。他生长在一个革命家庭，我爷爷是村农会干部，大伯是区武委会干部，二伯加入了八路军二十三团。1940年9月，父亲也参加了八路军，为了中华民族的解放事业出生入死。我愿把父亲的抗战故事与大家分享，一起回顾那段烽火硝烟中的悲壮历史。

打入伪警备队当内线

1939年，父亲担任了村里的游击组长，带领成员站岗放哨，维持治安。

日军侵入饶阳后，大肆“扫荡”“清剿”。我方则化整为零分散活动，争取、瓦解日伪军。由于父亲政治条件好又正值壮年，经党组织研究决定，派他打入敌人内部去做地下工作。

1940年，父亲在伪警备队受训一个多月后，给大队长安静山当了警卫。此后，父亲就利用自己的身份，不断策反伪警备队员为我方工作，打击、铲除了一些汉奸。同时，他还从警备队获取子弹、文件、情报和其他物品，交给游击队。因为成绩突出，同志们戏称父亲为“运输子弹的大队长”。

1942年5月1日，日伪军五万余人对我冀中军民发动了空前残酷的“铁壁合围”。局势日益紧张，老百姓不敢花八路军发行的“边区票”，只能用日军发行的“联银票”。秋季的一天，在集市上，父亲身穿伪警备队的制服，向百姓大张旗鼓地宣传，号召人们花八路军的“边区票”。不久，“边区票”在冀中地区流通开来。

父亲的举动让敌人震惊。日军怀疑伪警备队和八路军通气，派特务宋某来调查父亲。我方安插在伪警察局的内线及时将这个消息告诉了父亲。父亲决定将计就计，“教训”一下宋某。父亲把宋某骗到饭店请他吃饭，我方安插在伪警察局的人员在暗处埋伏，当场把父亲和宋某绑了起来，再暗中放了父亲，把宋某关在砖窑里教育了几个月，并缴获他携带的手枪一支。

假八路“攻打”岗楼试探父亲

日军派来宋某后，很长时间没有得到回音，于是又生诡计。

一天下午，三十多个八路军模样的人攻打沃地村岗楼，当时父亲正在值班。忽然有人大喊：“耿班长，八路打岗楼啦！”

父亲心里一惊，随即想：“八路军怎么会在光天化日之下攻打岗楼？如果真是，早就提前给我报信了。这肯定是敌人的花招！”于是，他对岗楼里的伪警备队三个班下令：“打，猛打！”还装出一副凶猛的样子，故意消耗了很多子弹，战斗打得很是激烈。“八路”被打得落花流水，伤亡惨重。最后，对面有人抽出日本旗在空中摇晃，父亲才下令停止射击。原来，这些“八路”都是日军装扮的，就为了试探父亲是否和八路有瓜葛，结果弄巧成拙，损失不小。

把敌人带入埋伏圈

1942 年秋末，日伪军准备到五公村“扫荡”，当时八路军正在这里驻扎，父亲提前送出了消息。

“扫荡”那天，日军十一人、伪警备队三十多人出动，由父亲带着伪警备队队员在前面当尖兵。一进村，父亲就注意到八路军已经埋伏好。他带领伪警备队队员加快脚步向村西走去，很快就甩开了日军。看到街上埋伏着几个八路军战士，父亲向他们小声说：“中国人不打中国人，我们是小堤村伪警备队的！”战士们知道小堤村伪警备队里有支持抗日的人员，并没有开枪。

不多时，日军进了村。八路军一通猛打，打得日军急忙向南跑去，并大喊伪警备队支援。父亲装作没听见，带领伪警备队向西跑去，一枪不放，还故意扔掉了几支枪，装出一副被八路军打得“丢盔弃甲”的假象。结果，日军十一人被全部歼灭，八路军缴获小炮一门、手枪一支、步枪九支。

机智救出党的干部

日军知道小堤村有抗日活动，经常包围搜查，每次父亲都提前送信，让党员干部提前转移。一次，三百多名日伪军包围了小堤村，父亲前一天晚上已送过信了，大部分干部都已转移，可还是有人被包围在村内。

当天上午，父亲带领伪警备队在村南布好岗哨，离日军的岗哨只有一两米远。不一会儿，从村里走出两个人，直奔父亲而来，原来是八路军干部刘件和村长，他们还没来得及转移，找父亲想办法来了。父亲还没开口，几个日本兵就端着刺刀比比画画地向刘件逼问：“你的，什么的干活？八路的干活？”刘件听到这话，右手就要到腰间掏枪，准备和敌人拼命。父亲连忙使眼色，他的手才慢慢放下。

父亲满脸堆笑，向日本哨兵说：“他的，维持会的干活，日本的朋友！他要出去开会，统统撤岗，快快地。”日本兵听了，愣了一下，父亲趁机赶紧带着刘件和村长往村外跑。最终，二人安全脱险。后来，日军发现上当了，集合伪警备队找父亲。父亲送走刘件和村长后找地方藏了起来，没敢回来，敌人也没找到。事后，父亲才感到后怕：“当时刘件要是掏了枪，我和他就全暴露了。一旦暴露，我们几个人牺牲事小，党组织得遭受多大损失啊！”

里应外合端岗楼

当年，小堤村有三个岗楼：日本岗楼、伪警察所岗楼、伪警备队岗楼。

1943 年春天，八路军计划端掉伪警备队岗楼，要求父亲里应外合，从中配合。当时，伪警备队小队长张某进城受训，由父亲代理小队长。当天晚上，所有人都休息了，父亲组织几个伪警备队里的抗日积极分子把全队九十多人、一百多支枪全部集中到指定地点，又冒着危险溜进中队长警卫的卧室偷走了枪。随后，我方敌工部副部长刘金标带领刘华兴、冯新、李杰等人来到岗楼，把父亲五花大绑起来。父亲装出一副惊恐的样子，大喊道：“中队长，岗楼失守了，我让八路捆了。快交枪吧，中国人不打中国人！”中队长和警卫从梦中惊醒，到处找不到枪，只能束手就擒。此时，八路军大部队还没到，在父亲的配合下，一枪没放、一人没伤，就收缴了一个伪警备中队的人员和枪支。而一旦暴露，另两个岗楼来支援，我方将损失惨重。

任务完成后，父亲带了两个部下——魏某琴、李某禄，全副武装往饶阳县城跑，给日军送信。为了应付敌人，父亲三人一边跑一边放枪，八路军在后面佯装追赶。跑到县城门口，三人筋疲力尽。城门一开，几十个日本兵、伪警备队员、特务立即把三人结结实实地捆上，押送到日本司令部。

审问父亲的日军接连发问：“岗楼怎么失守的？”“有多少八路？”“你们是怎么冲出来的？”“冲出来多少人？”“为什么只有你们三个回来？”父亲临危不惧，对答如流：“有三百多八路包围岗楼，我们从南门冲出来，一共冲出三四十人，其余的都被八路捉住了。我们一路跑，八路一路追……”敌人不相信，反复讯问。最后，特务队长孔熊把刀架在父亲脖子上问：“你到底是不是八路派来的？”父亲镇定地说：“要真是八路，我就不回来了。八路也不会让我带枪回来。”气得孔熊用刀背在父亲身上乱砍。

一连五天，敌人也没问出什么，最后只好把父亲开除。

伪警备队三中队是特务中队，中队长陈某礼看父亲年轻能干，就让他改了个名字，让他当警卫班班长。从此，父亲改名耿治国，继续在伪警备队做地下工作。

……

父亲的故事还有很多，每次提起那些惊心动魄的抗敌故事，他总是说：“国家兴亡，匹夫有责。这是每一个中国人应该做的。只有国泰才能民安，现在的幸福生活是无数革命者用鲜血和生命换来的，我们一定要珍惜！”

（本文发表于2015年9月，选自《衡水晚报》）

日军眼皮下的“情报员”

文／宋小虎　方　非

赫守云，1925年生，1945年加入区游击队，县联合中队。1949年南下编入第四十八军解放广东、广西。1951年参加抗美援朝战争。1952年到河南郑州炮兵学校学习，后重回第四十八军工作。1984年离休时担任正团职务。

1942年初，日本侵略者侵占了怀柔区桥梓镇口头村。“我们村当时驻扎了日军的一个小队，有十多个日本兵，还有一个警备队，三十多名伪军。日本人建的炮楼占了我家牲口棚，他们烧房子、抢东西、杀老百姓、祸害妇女小孩，烧杀抢掠过后还毁掉地里的庄稼，简直是无恶不作！”说起这些，九十一岁高龄的抗战老兵赫守云仍是满腔愤怒。

在口头村，赫姓是大姓。“那时候我也就十六七岁，家里穷，只能给同村一个论辈分还是叔伯哥哥的地主扛长工，那个地主仗着有钱有势还当上了村长！”赫守云的声音开始有些颤抖，“每天干杂活儿、扛麻袋，吃不饱还受气。”到了1945年2月，在东方战场节节败退的日军仍在进行最后的挣扎，在占领区变本加厉地祸害老百姓。赫守云等村里的年轻人实在忍不下去了，“我就想参军！打鬼子！”

那时的桥梓镇三方势力交错，日伪军、国民党、八路军游击队都在这儿征兵。乡亲们都知道只有八路军是真心向着老百姓的，所以报名参加共产党抗战队伍的人最多。赫守云的地主也就是当时的村长想出个主意，参军要抓阄。但他有自己的小九九，生怕丢了自家的劳动力，每次都会作弊使赫守云落选。赫守云知道了其中的蹊跷，一次趁地主外出，逃出去抓了阄。老天眷顾，真的让他如愿以偿，参加了共产党领导的区游击队。然而队里领导考虑到他家就在敌人眼皮底下，身份也未暴露，就让他潜伏下来当情报员。

做情报员很危险。“有一次日本人逼着一些他们认为可能是情报员的村民去打

探游击队的消息，村民不去，结果丧心病狂的日本人硬是把他们给活埋了。”老人在话语里流露着愤恨，“那都是我的邻里乡亲，从那之后，我更加坚定了抗日的决心，送情报越是危险，我便越要去完成它。”

赫守云说：“获取情报和递送情报也要用心、动脑。当时我家就在敌人炮楼底下不远的地方，看似危险，但这里反而成了获取情报最安全、最直接的地方。一般情况下日本人准备‘扫荡’的时候会在村子里抓些带路的老百姓，军队也会在据点里频繁调动，我在家里就能观察到炮楼附近的情况，我会第一时间给隐蔽在峪口附近的八路军游击队报信儿，为主力部队躲避敌人‘扫荡’，展开游击战灵活消灭敌人提供宝贵的信息。”为了确保安全，送信通常不能走大路，要挑山沟、险道走，腿脚被石片、荆棘划破是常有的事。

赫守云也遇到过险情。一次他在给游击队送信儿回来的路上，被汉奸特务盯上了，被抓起来送到日本人面前拷问。赫守云一口咬定什么都不知道，日军可能是看他年纪小，几番打骂过后把他关了两天。最后那个地主村长考虑到家中没人干活也去求情，才把他救了出来。“当时自己觉得没什么事儿，现在想想，要是被鬼子吓唬住了，那可真是凶多吉少了。那次算是命大。”

凭着满腔热血，赫守云在敌人眼皮底下机智地与日伪周旋，多次完成了游击队布置的任务。讲起抗日往事，这位已是鲐背之年的老人眼神发亮。问及其参加抗战的初衷，赫守云目光坚毅，一句话：“不当亡国奴！”

（本文选自《北京日报》）

十几岁就成了秘密战线上的情报员

文/李　慧　王朝阳　叶绍宏

在灌云县侍庄街道孙荡村，笔者见到了今年八十九岁的田守德，这是位瘦削的老人。“1939 年 3 月，灌云沦陷。那会儿，大伊山还有鬼子重兵把守，水陆交通被敌人严密控制。频繁的‘扫荡’，给我方秘密的情报联络工作造成极大的困难。”田守德说。初小文化的他，十几岁就成为秘密战线上的情报员。

机智少年灵活应变化险为夷

“那会儿，日伪军及地方伪政权，对我方情报联络人员恨之入骨，到处张贴布告，悬赏许多银圆，捉拿惩办。”田守德回忆道。当地伪乡长曾声嘶力竭地喊道：“谁敢在我的地盘里给共产党人及抗日部队搞情报联络，我就带人挖他的祖坟、打断他的腿、活埋他。”

敌人的罪恶行径并没有吓倒百姓，反而激发了大家的抗战决心。1944 年秋的一天，厉荡村西南庄的地下党员厉国桢、封培兰等三人来到田守德家处理事情。在田守德家吃了晚饭后，厉国桢说要去看看外孙孙炳军。“孙炳军家住在我家后面，我就带着他们三人，顺小路摸到了他家，并且在他们家过夜。”第二天黎明，大伊山据点的日伪军出动进行‘大扫荡’，各庄响起阵阵枪声。孙炳军家的板门被捣开，日伪军绑起了厉国桢、封培兰、孙炳军等四人，当他们走到田守德面前时，厉国桢哀求道：“他是小孩子，你们绑他干吗呀？让他留下吧。”一个敌人吼道：“快闭上臭嘴！否则就开枪！”

田守德从厉国桢的眼神和举动中，明白他是担心自己暴露。他们被押到伊山南头的萱凤桥西边，走进一条深巷里停下来，依次被传叫名字进入敌人的牢房。厉国桢、封培兰等人进牢前，都向田守德瞪眼和点头，示意“不能乱说”。当喊到田守德时，一个四十来岁的敌军翻译官说：“小孩子懂得什么呀，我带回家，跟我的儿女玩吧。”就这样，田守德跟着那个翻译官到了其家里，田守德对翻译官说：“他们是教书先生，都是好人啊，你做做好事，放他们回家吧。”后来田守德才知道，厉国桢他们早已晓得敌人要‘扫荡’，正准备找地方躲藏起来却没来得及。

受人所托战斗在秘密战线上

“那个日军翻译叫田守本，老家和我一样在龙苴庄，他曾在日本留学几年，后来跟随日军来到中国。”田守德回忆道，“我在田守本家待了几天，一天他下班回来后告诉我，他们几个都被放了。田守本不想再跟着日军做事了，他希望我能够帮助他，做他的情报联络人，把日军的一些情报及时传递给厉国桢。”

“有一天，我从田守本家回去，妈妈喝问我，这几天在外干什么，照实讲来。我如实地讲了。妈妈沉思片刻后问我，你怕不怕日本小鬼子？我回答不怕。妈妈又问，你怕不怕死？我说不怕。妈妈就让我到侍庄油坊找厉国桢汇报去。”

于是，田守德找到厉国桢。厉国桢说：“你是个机灵的孩子，如今你做了秘密情报联络工作，就要注意保密，说话谨慎，行动注意。若是被抓，就把密信处理掉或吞到肚子里，直到死，都不能泄密。”他的一番话，让田守德坚定了做红色情报联络工作的信心。就这样，田守德在厉国桢和田守本之间传送着情报，成了秘密战线上一位名副其实的战士。

骑车送信助力军民围剿敌军

“事实证明，田守本提供的情报多数是及时准确的，例如日伪军部队番号、人数、武器弹药、指挥官姓名、‘扫荡’时间、途径、地点等，为抗日军民提供了反‘扫荡’的准备，也使根据地免遭劫难。”田守德说。为了方便他传递情报，田守本还专门给他买了自行车。

1945年7月，中共淮海城工部（原敌工部）任命厉国桢、孙若溪，分别担任东灌沭办事处、东北办事处主任。东灌沭办事处主要负责东海和新海连一带的日伪军工作，东北办事处主要负责灌云县东北部的板浦、云台山区、连云港口的日伪军工作。

“田守本让我帮忙见厉主任。我向厉主任汇报，厉主任说可以。我将乔装打扮的田守本带去与厉主任相见，说话内容我不知道。”田守德回忆道，“还有一次，我给厉主任带路到大伊山一家饭店见田守本，谈话内容我也不知道，但两人分别时脸上都露出了笑容。”

1945年8月15日，日本宣布无条件投降，灌云军民拔据点、拆封锁线，将日伪军一网打尽。这之后，田守德就奉命到部队工作了，开始了真正的军旅生涯。“后来我得知厉国桢做到了省级干部，而田守本就不得而知了。”田守德说。

（本文发表于 2015 年 9 月，选自《连云港日报》）

与日伪军周旋的地下交通员——张金根

文 / 沈永昌

张金根，出生在上海市奉贤区钱桥镇，后在漕泾经商定居，成为中共特别党员。他利用商人身份，从事抗日活动。1943 年初，为恢复海上运输线，浙东新四军派人找到张金根，动员他在漕泾一带出海口设法开设运输行，以解决浙东抗日物资的困难，并掩护一些同志进出。3 月，张金根在柘林西街办起了沪海运输公司，海防大队派联络员俞连奎将从上海获得的电线、电器器材、云南白药等军需物资，由柘林海口安全运到浙东根据地。1944 年，张金根到漕泾张家厍海口开设宏泰运输行，继续为新四军运送物资。年底，为运送一批军火、西药到浙东，张金根派人冒险拆毁篱笆偷运，受到日军怀疑。1945 年 3 月，宏泰运输行迁址开张，抗日活动一直持续到日军投降。

日军侵占上海控制吴淞口之后，于 1942 年底，在吴淞到杭州二百多千米的海岸线上，全部打上竹篱笆，并沿竹篱笆筑碉堡，以封锁杭州湾海岸线，妄图切断浙东新四军与上海的海上交通线。为让当地渔民出海捕鱼，日军在柘林、张家厍、漕泾等地开设出海口，每隔一千五百米设一“检问所”。渔民出海，由宪兵队、护航队和税警队等日伪部队严加盘查。

要在日军的严密设防上捅开缺口，确保浙东新四军与上海的海上联系这条唯一通道畅通并非易事。1943 年初，浙东新四军海防大队大队长张大鹏，多次秘密联系，要家住奉贤钱桥海边的张金根在柘林开设运输行，打开与浙东的海上交通，以解决浙东抗日物资的短缺。

张金根自小在海边长大，挑盐出身，当过运输行的搬运工，划过脚划船，来往于上海和浙江送货押货，认识了不少浙江商人，其中也有新四军人员。但要在柘林开运输行，得有日伪人员作掩护才保险。张金根首先想到的是当地的护航队队长徐顺庆。通过熟人，在柘林西街王阿五茶馆店楼上，张金根与徐顺庆商议，张金根开运输行，让徐当干股经理。徐见有钱可赚，自然一口答应。但他怕日军作梗，又去拉宪兵队队长谷口的麻子翻译张庆寿。就这样，张金根的“沪海运输公司”在柘林开张，在浙东开展了商业活动。

柘林海口虽然开设了运输行，但浙江商人进出必须要有这里的“良民证”。张金根通过关系，在上海买了一批“良民证”，分发给浙江商人。不久，浙东新四军派来了俞连奎当联络员，对外是沪海公司的采购员，他在上海获得的电线、电器器材、云南白药以及其他工业品等军需物资，都安全地运往浙东。

然而，秘密海上交通线只开通了一年左右，宪兵队队长谷口和麻子翻译张庆寿便对沪海运输公司动起了坏脑筋。他们私自插手把浙江运来的二百多桶桐油出售给南桥一商铺，把约二百石大米私吞了去。张金根通过徐顺庆向谷口追问，谷口不但不还钱，还让麻子威胁说:“张金根私通新四军。”眼看事已闹僵，沪海运输公司被迫停业。

为了海上交通线的畅通，张金根与俞连奎商量，在漕泾张家库重新开设一家宏泰运输行。这次，张金根选择日军守备队的翻译和‘清乡’队的队长合股做生意。宏泰运输行在日军翻译和“清乡”队长的保护伞下，恢复了和浙江的商业来往。这种“交往”，小批电器、医药等物资“检问所”可以睁一只眼闭一只眼，但大宗军需物资还是难以过关。一次，有一批军火物资亟须运往浙东，唯一的办法是拆篱笆偷运。一天深夜，张金根带领五六个搬运工，在张家库南边拆了竹篱笆。他们刚把军需物资装上船，就被站岗的日军发现，一个班的日军出动追捕。由于张金根和搬运工们“熟门熟路”，最终避过了日军追捕，物资也安全运出。但张家库拆了竹篱笆，日军逼着宏泰运输行交出搬运工。张金根通过日军翻译多次疏通，还请了客、送了礼，张家库拆篱笆之事才不了了之。

1945 年 2 月，浙东行政公署财政部门为了制止伪币在浙东流行，决定发行浙东抗币，以打击敌伪对抗日根据地的经济掠夺。他们在上海购得一台生产抗币的印刷机，要张金根由上海运至张家库，再从海上转运到浙江四明山抗日根据地。印刷机运经闵行时，被一名姓干的密探发现，向宪兵队长山田告了密。宪兵队马上追到漕泾逮捕了张金根，追问印刷机的下落。这时，张金根早已把印刷机藏在漕泾水库的一个安全地方，任凭日军严刑拷打，他始终未说出实情。当时，漕泾的日军翻译等人怕有牵连，就以漕泾镇六十三家商店的名义连环保，日军宪兵队没有查到真凭实据，张金根在被关押五天后，获得了保释。

经过这番周折，张金根又将宏泰运输行搬到了漕泾漴缺。漴缺是伪中央税警队

的地盘，张金根自然要给当地税警队中队长不少好处。在他的许可下，宏泰海上运输线得以延续，一直坚持到日军投降。

海上交通线的建立，为浦东地区和浙东的抗战胜利作出了重要贡献，其中有我地下党组织的正确领导，而张金根巧妙地与日伪军斗争也是功不可没。1947 年 7 月，经苏中军区海防支队政委兼党组书记吕炳奎和虞天合介绍，吸收张金根为中共特别党员。

（本文选自《金山报》）

张兴冉：抗日，从做地下交通员开始

文／张 谦 刘卫军

张兴冉

张兴森（张兴冉的弟弟）

在日军的铁蹄踏上中华大地，同胞被屠杀、民族遭遇危难之际，他毅然投身保家卫国的抗日斗争。兄弟六人中，四人投身革命，家中有五名共产党员；担任地下交通员，他冒着生命危险传递党的情报；深入虎穴，他成功策反伪乡长，使战友的家人免遭屠杀；他与胞弟筹建了县里第一个抗日区政府，领导群众与日军斗争。

他叫张兴冉，生于 1917 年，山东巨野龙堌镇张楼村人。1939 年入党，历任党的地下交通员、抗日区政府政治指导员、基层党支部书记，中华人民共和国成立后先后任原菏泽县白虎乡党支部书记、原菏泽县税务股股长、原菏泽县县委秘书。

张兴冉是众多与侵略者做殊死斗争的中国共产党人中的一员，虽多年前因病去世，但他的抗日传奇故事广为流传。他的胞弟、巨野县人大离休干部、八十四岁的张兴森，讲述了张兴冉在抗日战争中的传奇经历。

担任地下交通员，多次出色完成任务

在八十四岁的张兴森的记忆中，他哥哥张兴冉参加地下党工作是从做地下交通员开始的。

1938 年，在日军大肆侵入中华大地、同胞遭受蹂躏的战争阴云下，张兴冉受中共郓城中心县委党组织委托，担任党的地下交通员。他冒着自己和家人受刑坐牢甚至被杀的危险，装扮成普通百姓，在日伪军的严密封锁下，在闪光的刺刀下往返，传递党的重要情报和文件。他妥善藏好党的重要文件，一次次地圆满完成任务。

“为顺利完成任务，哥哥当时想了很多办法。”张兴森回忆道，如把情报藏在食物或衣服里，“有几次差点儿被发现，幸亏他机智应对才转危为安。”

当时，张兴冉负责的交通站是郓城中心县委党组织、湖西党组织进行情报信息联系互通的唯一地下交通站。中共地下交通员只要被抓，不但自己被杀头，还要连累全家。但张兴冉从未考虑过这些，义无反顾地投身民族解放事业。由于每次都出色地完成任务，他曾多次受到时任郓城中心县委组织部部长杨海鹏的表扬。

与胞弟联手，建立巨野首个抗日政权

“是我两个哥哥筹建了巨野县第一个抗日区政府。”说起这事，张兴森非常自豪。

张兴森口中的抗日区政府是指巨野县第六区抗日区政府，建立于 1939 年春，由张兴冉与胞弟张超筹建。据了解，建立这个抗日政权是为了应对日伪建立的龙堌区政府，这样就形成与日伪南北对峙的局面。

当时，经郓城中心县委党组织批准，张兴冉任第六区抗日区政府政治指导员，也就是党代表。他是副职，上级党组织派来的一位赵姓同志任正职。

在区政府中，张兴冉负责对游击队队员进行政治思想教育和军事训练，逐渐提高他们的政治觉悟和战斗能力，形成了有较强战斗力的抗日力量。他发动群众，积极宣传抗日救国，曾组织游击队炸毁日伪军修建的巨菏公路桥梁，破坏了敌人的运输线。

史料记载，巨野县第六区抗日区政府，是中共在巨野县建立的第一个抗日政权，组建的游击队是巨野县第一支举起抗日大旗的游击队，是中共在巨野县直接领导的第一支人民抗日武装。

张家俨然一个“抗日根据地”

以张兴冉、张超为核心的第六区抗日区政府，多次成功保护上级党组织派来指导工作的领导，其父母、兄弟、妻子、儿女等也懂得怎样照顾上级党组织派来的同志，并协助他们做好宣传发动工作。

张兴森回忆，盘踞龙堌的日伪区政府有重兵驻扎，距离抗日区政府只有两公里。上级党组织派来的领导多次到第六区抗日区政府组织抗日活动，都安然无恙，未被敌人发现。

一直被当地群众广为流传的一件事是：中华人民共和国成立后任国家劳动人事部副部长的李云川，抗战时期曾四次到第六区抗日区政府指导工作。张兴冉的家人受其革命思想的影响，都十分支持党的地下工作，将李云川等同志照顾得非常周到。

在第六区抗日区政府指导工作时，李云川一直隐藏在张兴冉家的地窖里，张兴冉的母亲每天给他送饭、送水。由于建立了深厚的革命感情，他给张兴冉的长子张洪钊做了一支小木头手枪。一次，李云川准备到距日伪军驻地约两公里远的东寺村赶集侦察，发现日伪军检查得非常严格，很难进出。张兴冉利用建立的关系为他办理了通行证，使侦察工作顺利完成。

在巨野县第六区抗日区政府领导抗日工作时，李云川在张兴冉家住了两个多月，与张兴冉一家人建立了深厚的革命感情，对张兴冉及其家人的照顾和保护非常感激，离开时他热泪盈眶。

深入虎穴搞策反，多次遇敌险丢命

由于党的工作需要，经杨海鹏批准，张兴冉深入虎穴，打入日伪建立的巨野县龙堌第六区政府做秘书，刺探情报。

“为了做伪乡长的转化工作，哥哥对他晓之以民族大义，通过大量思想感化工作，伪乡长的思想有所转变。后来，他暗中为共产党做了一些有益的工作。”张兴森回忆。

一次，日伪宪兵队去张楼村抄一位地下工作者的家，欲将其家人全部屠杀，伪乡长想尽办法进行保护。他对日伪宪兵队队长说：“张楼村是有个叫小超的，外人叫他张超，会唱戏，现在去山西了，不在家。”看到日伪宪兵队队长不相信，伪乡长还为他打包票：“我用我的财产和生命担保，这些话都是真的！”日伪宪兵队队长听信了伪乡长的话，带人离去，使张兴冉的这位战友及家人免遭杀害。

由于抗日区政府对敌人的打击，日伪军对第六区抗日区政府恨之入骨，多次对第六区抗日区政府成员进行抓捕，但都扑了空。

“当年，两个哥哥都是在夜间偷偷地回家，先到村南芦苇荡里隐蔽起来，按约好的暗号往家院子里投几块土块。如果家里按约定回扔土块，他就可以回家；如果不扔回或扔的数量不一致，就说明有危险，他们就在野地里过一宿。”张兴森回忆道，“有一次，兴冉哥准备回村看望父母，同村的张洪笃告诉他村内有敌人不要进村，他躲过了一次危险；还有一次，日伪军于夜间突袭第六区抗日区政府所在地，

当场将一名工作人员、张兴冉的表弟王洪钧及一名通信员杀害。当时，两个哥哥外出执行任务，幸免于难。”

在他动员影响下，一大批人投身革命

张兴冉时刻不忘党的重托、肩负的责任，通过各种方式发展壮大革命队伍。

“哥哥利用当教员的便利，通过谈心、讲故事等多种方法，在张楼村动员村民投身革命，参加抗日战争。”张兴森回忆道，在他的影响下，该村有二十多人投身革命。

张楼村是一个革命的村庄，走出了多名党的领导干部，包括地专级干部四人、县级干部五人。张兴冉一家，当时就有五名共产党员。

由于革命时期结下了深厚友情，中华人民共和国成立后，任国家劳动部人事部副部长的李云川、在石油部担任领导职务的杨海鹏，多次来信，询问张兴冉的身体、工作情况。

由于积劳成疾，张兴冉不幸患上肝癌，于 1973 年病故，终年五十六岁。

（本文选自《牡丹晚报》）

中共“情报四杰”鲍君甫：卧底上海滩屡建奇功

文/桑　晔

卧底上海滩屡建奇功的鲍君甫

鲍君甫

在二十世纪二三十年代的上海，风起云涌，鱼龙混杂。中共“情报四杰”中的钱壮飞、李克农、胡底三人，在上海滩留下了无数传奇。

四杰中的另一杰鲍君甫，熟悉掌故的人，都知道他叫“杨登瀛”，也是在“中统”的心脏中潜伏多年的地下工作者。

进入中统的中共特工

鲍君甫，广东珠海前山人，1893年生。早年留学日本，毕业于早稻田大学。回国后，在上海发展，与上海的帮会、租界巡捕房乃至日本人都建立了广泛的人际关系。随后，鲍君甫改名杨登瀛，并以此名在国民党中闻名。

四一二反革命政变以后，陈立夫奉蒋介石之命组织“中央组织部党务调查科”，即“中统”之前身。鲍君甫被任命为上海特派员，成为国民党特工系统的高级干部。

在这前后，鲍君甫与中共地下党员陈养山结为至交，通过陈的介绍，周恩来派陈赓与鲍君甫接头。鲍决定在党的领导下工作，成为中共特科二科的一员，仍称本名鲍君甫。

为了帮助鲍君甫开展工作，地下党特地为他购置了轿车，安排在苏联培训过的地下党员连德生担任其护卫，并派安娥任他的秘书。

在周恩来、陈赓等人的安排下，党中央经常送给鲍君甫一些经过挑选的“情报”，中共的《红旗》《布尔什维克》等刊物和传单也经常被鲍君甫“搜查”到。由于“成绩突出”，鲍君甫在“中统”内部非常受重视，经费可以自由支取，还与国民党淞沪警备司令部、上海市政府、国民党上海市党部以及其他情特机关建立了密切联系。

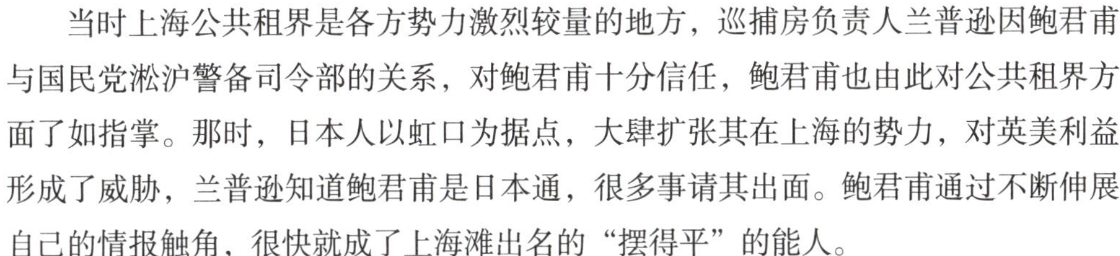

当时上海公共租界是各方势力激烈较量的地方，巡捕房负责人兰普逊因鲍君甫与国民党淞沪警备司令部的关系，对鲍君甫十分信任，鲍君甫也由此对公共租界方面了如指掌。那时，日本人以虹口为据点，大肆扩张其在上海的势力，对英美利益形成了威胁，兰普逊知道鲍君甫是日本通，很多事请其出面。鲍君甫通过不断伸展自己的情报触角，很快就成了上海滩出名的“摆得平”的能人。

卧底上海滩屡建奇功

1928年秋，国民党淞沪警备司令部接获叛徒戴冰石密告：有中共地下机关在某处活动，巡捕房帮办谭绍良带鲍君甫前去，将其中七人抓获。鲍君甫强忍痛苦通知“特科”，使党得以铲除叛徒。又有一次，叛徒顾某正洽谈出卖中共中央政治局常委候补委员李立三，情报为鲍君甫介绍、埋伏到淞沪警备司令部的地下党员宋再生得知，顾某即被清除。

1929年初，叛徒陈慰年待价出卖党内机密文件，鲍得知后，先用两根金条稳住叛徒，随后通知中央将其惩办。当年8月，叛徒白鑫出卖同志，导致彭湃等著名共产党人被捕。鲍查知后，仔细地探悉了白鑫的行踪，得知他住在国民党上海市党部常委范争波家，乃借送行之名确认其出行时间，使“特科”在白鑫准备逃往意大利之前将其击毙。当时鲍君甫还准备安排“特科”劫狱营救彭湃同志，可惜功败垂成。这年11月，任弼时被捕，鲍君甫向巡捕房称，任弼时是其手下，属于误捕，后将其释放。

1930年，叛徒黄弟洪从苏联回国，本来安排他去江西苏区，他竟致函蒋介石，意图“归顺”，并企图出卖他与周恩来的见面地址。鲍及时通知中央，黄即被清除。这年秋，中共山东省委某负责人到上海开会被捕，随即叛变，警备司令部通知鲍前往会晤，鲍随即报告陈赓，陈赓派刘鼎以杨登瀛所请专家身份前去拍照，证实此人身份后，将其惩办。

1931年，中共中央政治局委员关向应被巡捕房逮捕，并被搜去绝密文件。因巡捕不识中文，鲍君甫乘机请刘鼎假扮“中共文件专家”到巡捕房鉴定文件，将其中秘密文件替换送出。几个月后，鲍君甫请律师出面将关向应保释，关出狱后进入湘鄂西根据地。

1931年4月，中共“特科”负责人顾顺章在武汉被捕，旋即叛变。他熟知上海中共中央机关的最高机密，当然也知道包括鲍君甫在内的几乎所有埋伏在国民党内的中共地下工作者。顾叛变的电报从武汉发来后，首先由钱壮飞译出，周恩来等领导人得以从容脱身，而鲍君甫随即被捕，在狱中他还见到了同时被捕的陈赓。

在张道藩的斡旋下，1932年鲍被释放。1934年国民党令鲍担任南京“反省院”副院长。但鲍君甫再也不复当年的八面风光。南京解放时，鲍君甫的生活已经非常困顿，靠摆烟摊维持生活。

鲍君甫的最后时光

与安娥有渊源关系的“维一”先生在2003年透露，鲍君甫一家在二十世纪五十年代与安娥有过通信，这些信件让我们得以大致地描绘出鲍的际遇。

1951年，应南京市人民法院院长鞠华的要求，陈赓将军曾为鲍出过证明：“据我所知，鲍确系1927年起即与我党发生关系，1931年以前在工作上曾和我联系，在此期间对党贡献颇大，我被捕时曾在南京宪兵司令部与我同狱，此时表面上还好，以后任伪中央感化院院长，据说表现不好，其他详情不知……”陈赓当时确实无法得知鲍君甫的实情，但一直牵挂着他。1952年11月，时任司法部副部长的陈养山证明：“鲍君甫在大革命后对我党的保卫工作有很大的贡献，而且救出了许多我党负责同志……”信中说：“我与陈赓同志商量给鲍些救济，或想其他办法帮助一下。”1956年3月，南京军区派人送鲍去北京，鲍在北京见到了陈赓、陈养山、安娥等人。

北京之行后，鲍君甫与安娥有了通信。其中4月22日的信中写道：“式沅同志：握别以来瞬已三周，我于4月2日晨安抵宁后即旧疾复发，现仍在时止时发，以至稽延奉书甚引为歉。这次在京蒙赓兄的多方安排，能和各位老友相聚一堂，受惠之处非笔能宣。回思昔日旧雨都能表见在时代尖端，能无愧煞！并承老友们的冲襟容纳涵盖多方至渥，蒙党和政府的优遇，五内交萦，愧惭忻感，尤其是您的相赠使我家中老少欣感之私莫可言喻。厚谊隆情何以为报？唯有决心黾勉，扶植下代，仰副知己之期望耳。倘有在远不遗，尺素时惠，即无任感祷之至，肃此略布谢忱并致敬礼。”

由于陈赓等人的关照，鲍君甫有了一定的收入，但生活仍感窘迫。1956年12月，鲍君甫曾向安娥求助冬衣，但安娥突发脑出血，乃由其子田大畏先行给鲍家寄去三十元以解燃眉之急。此后，安娥陆续给鲍家寄送生活用品，并特别给鲍君甫的小女儿寄去自行车一辆，深情厚谊，由此可见。鲍家与安娥直到1963年上半年还在时断时续地通信，相信这对鲍君甫是莫大的安慰。1969 年，鲍君甫去世。

鲍君甫妻谭秀珍，育有两子、四女。长子早夭，次子国良，长女琼音，次女美云，三女雪波，幼女小萍。

（本文选自《现代快报》）

中共地下交通员对暗号冒充青帮摆脱敌人追捕

文／贾晓明

土地革命时期，由于江西中央苏区和上海党中央不具备无线电通信能力，两地间的通信联络只有依靠交通员往返奔波，一个往返一般需要三周乃至一个月。

涂作潮

中共六大前后，共产国际（联共）曾指示中共：为了快速经济地解决中国工农红军技术人员奇缺的困境，作战中俘虏的炮兵、通信兵、防化兵、飞行员、工兵和医护人才必须强行留用，为我所用。第一次反“围剿”胜利后，红军俘虏了张辉瓒部的十个报务和机务人员以及一个医官。但由于当时红军战士还不了解电台的重要性，结果电台的发报机没有保存下来，只剩下收报机还能用，史称“半部电台”。

江西中央红军虽然已经有了半部电台和十个电台人员，但也确实感到：红军的无线电通信命脉不能把握在留用的俘虏兵手中，中共自己的无线电人员必须在协同工作的同时，实施政治和技术监管，防止留用人员通敌或破坏。为此，中共中央从上海向苏区派遣了涂作潮。按照当时中共中央的决定，涂作潮化名吴思浩，和中央军事部士兵运动科秘书李翔梧先到南昌，完成指定任务后再由此进入中央苏区。

两人到南昌后，在旅馆住下，涂作潮留守，李翔梧上街察看动静，结果在街上得到了南昌举行张辉瓒入殓仪式的消息。涂、李二人紧急商议的结果是：赶紧撤离，返回上海，并随即销毁了文件。

涂、李二人决定立即撤离后，发现火车站和码头均不安全，就决定“先向东逃离若干路程再说”。他们身穿国民党军官制服，挎着照相机，化装成游山玩水的样子，混出城后冒雨向东步行。到了离南昌东约十五公里的城岗魏村时，两个人几乎精疲力竭，于是决定进入魏村暂时躲避敌人的追捕。

这个小村子里的人都姓魏，当时某家正在盖房，众人晚上烤火取暖聊天。有个好心的小乡绅魏朝鹏见涂、李二人全身湿透，就招呼两人进自己家避雨。上茶时，魏朝鹏在每人面前摆上四个茶碗。涂、李二人在上海从事地下工作，懂得这是青帮的暗号，就不约而同地端起了第四个茶碗。魏夫人端上了刚煮好的面条，把筷子放在碗的一侧。二人则在吃面之前先把筷子横在碗前。据此，魏朝鹏相信面前这两人是帮里的弟兄，现在遇到了困难，特来向他求助，便收留了两人。

1943 年涂作潮（中）在延安与战友合影

二人隐藏在魏家，白天不敢出门，晚上才出来散步。两周后，魏朝鹏得知两人必须回到上海，便准备了衣服和一船瓷器，把自己扮成涂、李二人的随行仆人，带着两人出发了。在饶州，他们遇到国民党特务的跟踪，魏朝鹏演得天衣无缝，拿出老管家的架势，在特务面前给两个“少东家”打洗脚水洗脚，终于让特务信以为真。经过景德镇时，在已经摆脱了敌人的追捕，确认安全后，李翔梧写信给在上海从事地下工作的夫人刘志敏：生意不顺，但人安好，不日可回家。这时魏朝鹏带的路费已经用尽，涂、李二人就卖掉了照相机，把钱交给了魏朝鹏。

三人在南京换乘大船，安全抵达上海。在临别之际，魏朝鹏提议三人结拜，于是魏朝鹏为金兰谱长兄，宋有才（涂作潮撤离南昌后的化名）为二弟，林万选（李翔梧南昌撤离后的化名）为三弟。

此后，直到三人相继去世也再没能见面。1995 年末，南昌市郊区政府根据当时的这段历史，对魏朝鹏进行了表彰通报，并举办了魏朝鹏见义勇为表彰大会。1998 年，涂作潮之子涂胜华代表涂家和李家后人向魏家后人敬献了谢恩匾。

2006 年，魏朝鹏的墓碑由南昌运抵河北省廊坊市，安放在涂作潮陈列室中，接受三家后人和前来参观者的瞻仰。

（本文选自《人民政协报》）

中共隐蔽战线精英——陈养山

文／张显辉

1982 年 5 月陈养山在兰亭

陈养山，中共特科精英，曾在周恩来、陈云、陈赓等直接领导下的隐蔽战线上出生入死，为我党的情报保卫工作作出过重大贡献，是我国政法战线的杰出领导人。

早年投身革命

陈养山（1906 年—1991 年），原名程仰山，字应驺，上虞百官前江村人，自幼家境贫寒。1919 年 6 月，十三岁的陈养山随亲戚到武汉一家钱庄做学徒，其间发生的五四运动和京汉铁路工人大罢工使陈养山思想受到很大震动，“位卑未敢忘忧国”，陈养山从当时由恽代英主编的《中国青年》杂志中接受了很多革命道理，并由此与恽代英熟悉，受到他的引导与教育。1924 年 7 月，恽代英约陈养山单独谈话长达六个多小时，这对陈养山来说是一次思想洗礼，使他坚定了革命意志和斗争决心，奠定了终身革命的思想基础。1924 年 10 月，陈养山被吸收加入中国社会主义

青年团。1925 年 1 月，中共武汉地委书记陈潭秋向陈养山宣布，他由中国社会主义青年团团员转为中共党员。后由时任青年团武汉地方委员会书记的林育南决定，陈养山担任青年团武昌地区特别支部特派员，他所在的钱庄被中共武汉地委确定为交通站，由于来同他联系的人很多，引起钱庄老板注意。同年 5 月，党组织将陈养山调往上海团中央工作。从此，陈养山结束钱庄店员生活，开始了以革命为职业的战斗生涯。

参加中央特科贡献卓越

四一二反革命政变后，革命形势由高潮转入低潮，中共党员人数由原来的五万七千人锐减到不足一万人。为有效地保卫处于秘密状态、处境极其险恶的中央领导机关，使其能安全地指挥全国革命，周恩来在他领导的中央军委专门设立了特务工作处，并在此基础上建立中央特科保卫机构，以适应隐蔽战线工作的需要。

1928 年 4 月，陈养山因向组织引荐杨登瀛，而后被调入中央特科做情报工作，参与了中央特科的创建和一系列活动。此后在周恩来、陈云的领导下，为保卫党中央，保护和营救我党重要领导人，作出了卓越贡献。在中央特科工作期间，陈养山对党的最大贡献就是在敌人内部建立了中央特科的第一个重要反间谍关系。

在我党的隐蔽斗争的历史上，有过“打进去”和“拉出来”两个成功范例：一是以李克农为组长，钱壮飞、胡底为组员的特勤小组，打入国民党最高特务机关，掌握了敌特的核心机密的事例；二是由陈养山将他所联络的敌特杨登瀛从国民党特务机关中拉出来，建立了我党第一个反间谍关系的事例。

陈养山与杨登瀛是 1925 年他在上海国民党中央宣传部上海交通局担任发行科科长时认识的，他们的关系比较密切。受陈养山影响，杨登瀛对共产党很有好感。1928 年杨登瀛进入国民党中央党部调查科后任高级侦探，思想上产生了一定的矛盾：要当侦探，肯定会得罪共产党，不仅对不起朋友，还会有生命危险；如果帮共产党做事，又弄到一点共产党的消息去应付国民党，那既可在国民党里做官，又可以不担风险。于是他把这一想法告诉了陈养山，还把随身带着的一些情报与一份搜捕共产党员的名单交给了陈养山。陈养山把这一情况专门向中央写了请示报告。当时负责中央特科的周恩来等领导认真研究后，认为杨登瀛这一关系在政治上虽然不很可靠，但我党地下工作确实非常需要。若对他加强教育，可以为我所用。于是决定在陈赓直接领导下由陈养山与杨登瀛单线联系。我党利用这一关系，获得了敌人许多极其重要的情报，掌握了敌人的行动规律，使党组织及许多党员免遭破坏与逮捕，并利用杨所提供的情报，有力地惩罚了叛徒。如在营救我党早期领导人彭湃（后因故没有成功）、镇压出卖彭湃的叛徒白鑫、营救任弼时等事件中的重要情报，都是由杨登瀛通过陈养山向党组织提供而化险的。

1931年4月，原中央特科负责人顾顺章被捕后叛变，幸被已打入敌人内部的钱壮飞及时获知，周恩来连夜组织中共中央机关、江苏省委及国际远东局机关全部转移，并将顾顺章认识的，不宜再留上海工作的中央特科工作人员，逐一转移、调离。因陈赓与陈养山曾与顾顺章一起工作过，已经暴露，周恩来决定让他俩转移到天津开展地下工作。按党中央的指示他们的任务为：一是营救在天津被捕的同志，调查被关押在什么地方，协助胡鄂公、杨献珍设法救援；二是考察能否在天津组建特科性质的机构，以保卫党组织的安全；三是清查叛徒情况，凡对党组织有严重威胁者必须坚决镇压。当时天津地方党组织由于张克云（张开运）等叛徒的出卖而遭到严重破坏，安子文、周仲英、刘亚雄、陈原道等一批党的负责人均被捕。一片白色恐怖下，党的地下工作者活动很不容易。陈赓与陈养山化装成商人到达天津后，在与杨献珍接上关系并准备开展有关救援事宜时，不料杨献珍也遭敌逮捕，使救援工作搁浅。于是他们将主要精力放在清查叛徒工作上，经过仔细清查与盯梢，终于摸清张克云的活动规律，并由陈养山专程赴上海报告党中央，后由从上海派来的“打狗队”（当时党的地下工作分工很细，“打狗队”是专门负责执行镇压叛徒任务的）将其镇压。后因天津党组织遭破坏的情况非常严重，难以立足开展工作，加之敌特中认识陈赓的人又很多，行动非常不便，随时都有被捕的危险，于是陈赓与陈养山化装成伤员，经山东青岛回到上海向陈云汇报了天津之行的工作情况。

从事情报工作成绩显著

1935年9月，中央特科完成历史使命而自行撤销，由于陈养山在中央特科的资深经历和曾以新闻记者进行情报搜集活动的身份，被党在上海的“中央临时局”派到重庆开辟情报工作。陈养山化名陈仲英，以新闻记者身份赴重庆，与陈昌、陈克寒三人一起，利用时任四川省财政厅兼省银行总经理刘航琛所创办的《新四川通讯》这一刊物为掩护，并通过刘航琛（原任四川军阀刘湘所辖第二十一军财政处处长）的关系，与国民党重庆行辕政训处（情报处）建立情报联系，既找到了“靠山”，解决了经费和情报来源问题；又取得“合法”身份，便于打着政训处的招牌大胆开展情报工作。经过数月努力，他们获得了大量秘密的和公开的、非法的和合法的军事、政治、经济等方面的重要情报，如国民党中央和地方军阀的党政军动向、军力配备及相互冲突、国民党军部和党部与地方派系之间的争权夺利、重庆经济界与各地资本家的矛盾等，既准确又及时，价值极高。同时，广泛联络各方社会人士，进行统一战线工作，秘密领导与参加了重庆、成都等地的有关抗日救亡活动。

1936年7月，为开展对东北军和西北军统战工作，陈养山被党组织调到西安。

他化名陈鸣钧，以《西北文化日报》记者身份，从事党在西安的抗日宣传和统战工作，并协助左翼作家吴奚如编辑出版由张学良出资创办的《文化周刊》，开展联络西北军的统战工作，在西北军中宣传我党反对内战，团结抗日的主张。西安事变后，为保持与延安的联系，陈养山奉周恩来之命筹建红中通讯社西安分社，专门负责向西安的各家报社及社会团体印发西安红军办事处抄收的红中通讯社的新闻和我党发布的抗日文告、宣言等。红中通讯社西安分社建成后，陈养山被调入党中央西安情报站，专门从事情报工作，为推动西北地区的抗日救亡和促进抗日民族统一战线的建立进行了大量艰苦的工作，搜集了社会各方面的重要情报，做出了显著成绩。西安情报站因工作卓有成效并且没有出过任何差错，受到党中央的高度评价。

1940 年 6 月，陈养山奉调回到延安，先后担任中央社会部地方工作科科长、情报干部培训班主任、中央党校第七支部书记及干部科科长等职，其间负责过中国共产党第七次全国代表大会代表的政治审查工作，并出席了党的“七大”。1944 年底，经贺龙向中央提议，陈养山调到晋绥边区工作，先后担任中共晋绥分局调查局局长、晋绥边区公安总局局长、中共西北局社会部部长、西安市军管会保卫处处长、西安市公安局局长等职。他认真贯彻党的“七大”所制定的路线、方针，领导广大政法干部，放手发动群众，开展对敌斗争，并参与领导了某些大、中城市的接管工作，在肃匪反特、保卫边区、建立和巩固革命政权等工作中做出了显著成绩，受到彭德怀、刘少奇、贺龙等中央领导人的赞扬。

（本文选自《大地党刊》，有删节）

战斗在隐蔽战线

文／邹雁俊　王伟敏

邹铎，1917年生于威海，自小聪慧，在威海读书时就秘密加入了中国共产党，1934年他被派往青岛工务局学习测绘。二十世纪四十年代，因父母举家迁往烟台（住三多街四号），阴差阳错，邹铎从此与家人失去了联系。

中华人民共和国成立后，邹铎已是中共山东省委委员兼徐州市副市长，几经周折，他才找到了家人的下落。接到烟台市政府的通知时，他的父母喜极而泣，一夜未眠。第二天，他母亲在三儿子陪同下赶往徐州，母子相见。此时，邹铎与父母失去联系已经整整二十年了。

而直到这时，这位从胶东走出去的革命者在中华人民共和国成立前的革命活动，尤其是解放战争期间，他在徐州隐蔽战线舍生忘死的种种不平凡的战斗经历，才渐渐为他的家人所了解。

与中共地下组织并肩战斗

抗日战争全面爆发后，邹铎在鲁南参加抗日民主解放先锋队，从事抗日爱国活动，1944年12月，他在昆明经楚图南、周新民介绍，加入了中国民主同盟（简称民盟）。

1946年，民盟争取民主自由的斗争更加残酷。是年10月，邹铎受民盟总部委派，与江涛声、莫少彰（原名莫翰文）一起来徐州开展地下工作。经宋庆龄推荐，江涛声任徐州陆军总医院院长，邹铎和莫少彰分别任徐州陆军总医院中尉司务长（后为上尉总务主任）和少校注册询问股股长。他们以医院为据点，成立了民盟徐州支部，江涛声为主委，莫少彰为副主委，邹铎为委员。

1947年秋的徐州，暗杀事件时有发生，国民党的军、警、特横行。由于国民党对陆军总医院的民盟活动有了警觉，按民盟总部的指示，江涛声和莫少彰先后离开徐州，邹铎则留了下来，与中共地下组织并肩战斗。

通过内线，邹铎与在铜山中学任教的中共地下党员佟苏丹取得了联系，后又与华野中共徐州第二工作委员会（简称中共徐州第二工委）工委书记李凯、华野驻徐办事处主任邵晓平取得了联系。由此，党盟在革命斗争中组成了徐州隐蔽的联合统一战线。华野联络部领导派李凯到徐州开展工作。为了安全和工作方便，邹铎设法让李凯出任了陆军总医院市内采购仓库的保管员。但由于他没有户口，随时都有暴露的危险。

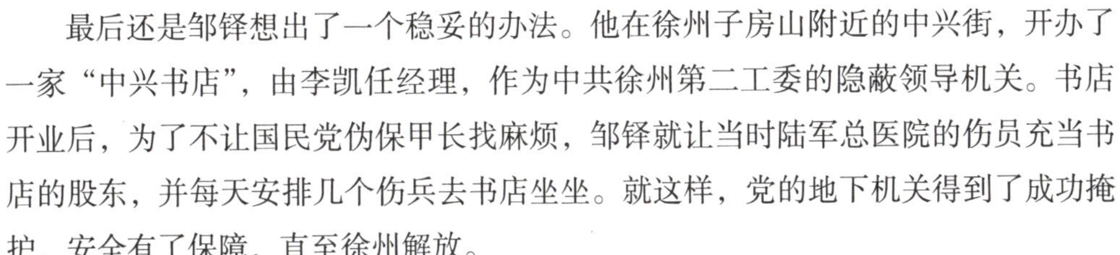

最后还是邹铎想出了一个稳妥的办法。他在徐州子房山附近的中兴街，开办了一家“中兴书店”，由李凯任经理，作为中共徐州第二工委的隐蔽领导机关。书店开业后，为了不让国民党伪保甲长找麻烦，邹铎就让当时陆军总医院的伤员充当书店的股东，并每天安排几个伤兵去书店坐坐。就这样，党的地下机关得到了成功掩护，安全有了保障，直至徐州解放。

为淮海战役搜集军事情报

淮海战役打响前夕，华野徐州办事处组织了严密的情报系统，地下民盟组织所在的陆军总医院是其中重要一处。

国民党部队指挥官的指挥特点、彼此之间亲疏关系、敌军中的新老兵比例、官兵士气以及作战实力……要探听这些重要的军事情报，陆军总医院是最理想的场所。当时陆军总医院主要收容的伤病员来自黄百韬的二十五军、周志道的八十三师、邱清泉的新五军等部队。邹铎便利用自己得天独厚的公开身份，经常去看望伤病员，广交朋友，留意接近一些级别较高的军官，从而搜集了大量有价值的战略情报。

有些情报，价值极其重大。比如，他摸到了邱清泉部的虚实：兵源极其困难甚至枯竭，外强内虚，“王牌军”有名无实。他还探听到，新五军构筑的防御工事，碉堡射击孔由平射改为向下倾斜设计，其射击的有效距离仅为百米之内，且士兵畏战心理严重。这些情报，华野领导极为重视，为组织有效的进攻提供了重要依据。

为配合淮海战役的进攻，华野总部粟裕司令员要求属下核实敌军在徐州的防御体系，以里应外合全歼杜聿明部。这一任务落在中共徐州第二工委书记李凯身上。邹铎主动请缨，利用自己的合法身份，对徐州周围的广山、骆驼山、狮子山、小巴山、子房山以及火车站等的军事布防作了详尽的调查。依据这些情报，中共地下组织重新绘制了《徐州敌军防御工事图》。据此，华野总部得出论断：“徐州是一个敌军非设防城市。”这一重要情报，对淮海战役的全面胜利和徐州城的解放，具有极为重要的战略意义。

邹铎（左一）与母亲睽隔二十年后重相聚

党盟联手共迎徐州解放

1948 年 11 月 30 日下午，邹铎获知一条重要消息：杜聿明下令国民党军队撤离徐州。他立即与李凯召集地下党员和盟员商量，对如何保护城市和迎接解放军入城作了具体的部署，特别是对非常时期的城市治安——从国民党撤离到解放军入城，时间上将有十多个小时的“真空带”——进行了周密的安排。

危急时刻，中共和民盟成立了“徐州地下组织迎接解放指挥部”，党盟并肩，紧密合作，共迎徐州解放。

指挥部要办的第一要务，是尽快安定人心。邹铎连夜联系徐州印刷厂职工，赶印了上万份《解放军宣言》，在国民党撤离的同时满城张贴。第二天一早，见到街头的宣言，徐州老百姓还以为是解放军便衣武装进城了，人心安定，全市工业生产、人民生活、社会秩序因此未受影响。

12 月 1 日凌晨，“迎接解放指挥部”集中了部分中共地下党员和盟员，由李凯、邹铎带领，在淮海东路迎接中国人民解放军渤海纵队先头部队入城。在与部队取得联系后，邹铎在团部临时驻地共同参加了接管工作。

为顺利接管原国民党把守的一些要地，邹铎在国民党中央银行徐州分行找到一辆轿车，和李凯一起，将解放军团部开出的介绍信迅速送到地下党员手中，再由他们为向导，带领先头部队迅速占领和控制国民党的军事机关、军事要塞以及物资仓库。邹铎还和指挥部一起，与自发组织起来的人民群众进行了护厂、护校和护路斗争，确保了徐州全城的水电、通信、交通和主要场所的安全。

二十世纪五十年代，邹铎担任过徐州市青年学校总务科长、中苏友好协会总干事、抗美援朝分会秘书长及徐州市副市长等职。1964 年他调往南京任江苏省民盟秘书长，1974 年在南京病逝，安葬于雨花台烈士陵园。

（本文选自《烟台日报》）

熊向晖：可顶几个师的红色特工

文／李大光

周恩来曾赞："我党打入国民党内部的情报人员工作卓越，李克农、钱壮飞和胡底属于'前三杰'；解放战争期间，又有三位突出的情报人员（熊向晖、陈忠经和申健），同样一人能敌万千军，创造了情报工作的奇迹。他们就是'后三杰'。"

熊向晖

妙语连珠，获得胡宗南赏识

我党从事情报工作"后三杰"之一的熊向晖曾被毛泽东赞为"一个人可顶几个师"。

1936年，十七岁的熊向晖考入清华大学，在清华大学学习期间，秘密加入了中国共产党。

1937年12月，根据周恩来的指示，熊向晖报名参加了湖南青年战地服务团，到国民党胡宗南的部队服务，开始了他为期十二年的特工生涯。1938年春的一天，胡宗南面见湖南青年战地服务团团员，希望在其中挑选一些有才华的年轻人，加以培养，为自己所用。见面时，熊向晖觉得胡宗南是在考查每一个人，于是他冒出一个念头，要引起胡宗南的注意。因此，当胡宗南点到他的名字时，他故意坐而不立，只是举起右手，说道："我就是！"胡宗南果然感到意外，瞪眼问："贵庚？"熊向晖依旧坐着回答："再过三个月又四天，就满十九周岁。"

"熊先生为何要到本军来？""参加革命！"熊向晖大声回答。胡宗南再一次露出惊讶的神色："熊先生来本军是为了参加革命？"

"是的！"熊向晖肯定地回答，"孙中山先生遗嘱的第一句话就是'余致力国民革命凡四十年'，贵军是国民革命军第一军，到贵军来当然是参加革命。"

胡宗南反问道：“怎样才是革命？”

“中山先生最初提出的革命任务是‘驱除鞑虏，恢复中华’；现在驱逐鞑虏的含义就是抗日，抗日就是革命。”熊向晖答道。

胡宗南紧绷着脸问：“照你的说法，不愿抗日、反对抗日的算什么？”

熊向晖说：“积极抗日的是真革命，消极抗日的是假革命，不愿抗日的是不革命，反对抗日的是反革命。”

胡宗南又问：“对反革命怎么办？”

熊向晖脱口而出：“杀！”

胡宗南与熊向晖就这么一问一答，出乎所有人的意料。胡宗南问完之后，在熊向晖的名字上画了几笔。

吃罢晚饭，有人来找熊向晖，说胡宗南要找他谈话。熊向晖不知凶吉，问还找了什么人，来人说：“只找你一个。点名时，胡先生在别人的名下有的画一个圈，有的画两个圈，有的画三个圈，唯独在你的名下画了四个圈。”熊向晖去见胡宗南。交谈结束后，胡宗南非常满意地与熊向晖握手。

1938 年 5 月初，胡宗南将熊向晖送至中央陆军军官学校第七分校学习。1939 年 3 月学习期满后，熊向晖被胡宗南调到身边，很快成了胡的左右手，一路从侍从副官升任机要秘书。“党国栋梁”熊向晖开始了他平步青云的仕途。

不动声色，传递绝密情报

熊向晖担任胡宗南秘书不久，就得到胡宗南的器重。蒋介石给胡宗南的密令都由熊向晖签收，而胡宗南下达的命令也都是由熊向晖起草。

时间转眼到了 1943 年 5 月 15 日，这一天，共产国际主席团提议解散共产国际。蒋介石听到这个消息喜出望外，赶紧密电胡宗南：“借共产国际解散良机，闪击延安，一举攻占陕甘宁边区，行动绝对保密。”胡宗南完成布置后，于 7 月 2 日正式确定了进攻边区的时间：7 月 9 日。

当时中共留在延安的正规武装力量只有一个三五九旅，其余的就是中央首脑机关的警卫部队及地方部队，形势严峻。熊向晖立即将胡宗南制订的“闪击延安”计划报告给联系人王石坚。党中央接到情报后，紧急磋商应对措施，于是诞生了“朱毛两电退胡军”的传奇。

“朱毛一电”是 7 月 4 日发给重庆董必武的一份急电，请他立即将胡宗南即将发动“闪击延安”的消息外传，特别通知英美有关人员。果然，美、英、苏等国领事馆纷纷向蒋介石施加压力，威胁他不得发动内战，否则立刻停止援助，弄得国民党政府极为尴尬。

"朱毛二电"是朱德总司令于同一天发给胡宗南的急电，揭露："自驾抵洛川，边境忽呈战争景象。道路纷传，中央将乘共产国际解散机会，实行'剿共'。我兄已将河防大军，向西调动，弹粮运输，络绎于途，内战危机，有一触即发之势。当此抗战艰虞之际，力谋团结，犹恐不及，若遂发动内战，必致兵连祸结，破坏抗战团结之大业，而使日寇坐收渔利，陷国家民族于危亡之境，并极大妨碍英、美、苏各盟邦之作战任务。"

熊向晖7月4日收到朱德的电报后，当即送给胡宗南。胡极为震惊，看了两遍，又让熊念了一遍，紧皱着眉头说："共产党这一手太厉害，我们的'闪击延安'计划，他们是怎么知道的？"

熊向晖说："究竟是谁泄的密，此事一定要一查到底！"

胡宗南急得团团转，拍着脑门说："怎么查，怎么查？"熊向晖认真地说："请胡先生指定专人，将参战部队知道这一机密的人，列出名单，秘密审查。表面上若无其事，不要打草惊蛇，免得泄密的人知道后逃跑。但从现在起，不要让涉嫌的人参与机密，特别不要让他们知道这一仗打不打，防止再泄密给共产党。"胡宗南连连点头。

当日晚，胡宗南又通知熊出席讨论"这一仗到底打不打"的高级幕僚人员会议，由此可知，他当时并没有怀疑熊向晖。当晚的会议出现了两种对立的意见，一是主张打，二是主张不打，坚持按兵不动，听候委座指示。

胡宗南却提出了第三种意见，他说："不能坐待指示，应为委座分忧。我们要主动提建议，委座原定闪击、偷袭，不料共产党采取非正规手段，利用朱德电报大肆张扬。如按原计划进行，不但日军可能乘虚而入，而且定会受到盟邦责难。委座出任中国战区盟军最高统帅，盟邦对国军期望很高，可惜国军长期未打胜仗，共产党就宣传国军不抗日，只有他们抗日。此时进攻陕北，将给共产党口实，损害委座声誉，美国可能转而支持共产党。我们只能停止行动，恢复原态势。"蒋介石此时被弄得焦头烂额，心情烦乱，便同意胡宗南的建议而罢兵。一场"闪击延安"的闹剧，未经报幕，便悄然收场。

不顾个人安危，再度保卫延安

抗战胜利后，胡宗南决定保荐熊向晖去美国留学，熊通过秘密渠道请示周恩来获得同意后，1946年6月，熊向晖飞抵南京办理留美手续。1947年3月，胡宗南命令熊向晖延期赴美，要熊向晖回到自己身边，再辅佐他三个月。

胡宗南对熊向晖说："美、苏、英、法四国3月10日在莫斯科开会，届时将讨论中国问题。总裁当机立断，命令我直捣共产党的老巢延安。并选在四国外长会议的第一天，即3月10日发起攻击。”说完，胡宗南给了熊向晖一个文件包，让熊根据包里文件的内容，画一幅草图给他。

胡宗南一走，熊向晖便打开公文包，只见里面有两份绝密文件，一是经蒋介石核准的进攻延安的方案，二是陕北共产党的军队兵力配置情况。熊向晖异常激动，将文件内容默记在心。

3月3日回到西安的当天晚上，熊向晖就将情报送到了新华巷一号王石坚的家中。王石坚是西安《新泰日报》主编，在他家的地下室里，安置了一部秘密无线电台。凡是熊向晖送来的情报，他会分秒必争地发往延安。

这天晚上，熊向晖将情报送给王石坚后，交代了一句：“胡宗南为了保密，此计划要待部队集结完毕才宣布。此时，他的军长、师长们对这个情报还一无所知呢。”

1947年3月8日晚，胡宗南带着熊向晖等少量随从，前往洛川的前线指挥所，部署进攻延安的具体方案。此时，熊向晖已无法赶回西安，将他获得的最新情报向王石坚汇报。

紧要关头，熊向晖决定冒险行事，将情报以信函的形式写在白纸上，装在印有战区第一司令部长官的大信封里，上书“西安‘研究书店’潘裕然经理收”，之后命通信员送走。通信员哪知这是送给共产党的情报，只是奉命执行公务。

为保险起见，信封里，熊向晖写有两封信，一封是写给王石坚的，另一封才是写给潘裕然的。信中请潘裕然不要拆附信，迅速转交给王石坚。这是一着险棋，中间任何一个环节出了问题，后果都将不堪设想，但那时的熊向晖也顾不了这么多了。

后来，周恩来收到情报时，激动地称赞道：“熊向晖真是好样的！关键时刻又一次保卫了党中央。”由于有了熊向晖的情报，党中央迅速做了多方准备，撤出延安，把一座空城留给了胡宗南。

胡宗南抵达延安的第二天，在枣园毛泽东寝室的抽屉里，发现了毛泽东给他的留言：“胡宗南到延安，势成骑虎。进又不能进，退又不能退。奈何！奈何！”国民党“闪击延安”的计划再次破产。

身份暴露，人却安然无恙

1947年9月，熊向晖进入美国克利夫兰西部保留地大学攻读政治经济学硕士。不久之后，他得到消息，自己一直以来的联络人王石坚被捕叛变，将掌握的情况全盘托出，导致四十四名地下情报人员被捕，牵连被捕一百二十三人。

在此情况下，熊向晖推测，自己的身份应该也已暴露。当时，熊向晖是以国民党公费生的身份赴美学习的，国民政府九百美元的奖学金半年一发。到1948年春，

被停发奖学金的熊向晖手头上的美元就快用完了。无奈之下，他试着给胡宗南驻南京办事处处长徐先麟写了一封信，没想到，徐先麟居然又给他寄来了九百美元。靠着这九百美元，熊向晖一直撑到 1948 年末，这时的胡宗南已经一败涂地，熊向晖便也不好再向他要钱了。

对于熊向晖，国民党并没有对他进行深入追究，只是搜走了他在西安住所的全部衣物，并停止发放他在美的留学经费。不仅如此，在熊向晖没有钱时，胡宗南的部下还又给熊向晖寄去了美元，这不能不说是个谜。

对此，熊向晖在其回忆录中描述了周恩来当时非常精辟的分析："王石坚的事，是下面保密局系统的人搞的，蒋介石不会马上知道。从戴笠起，沿下来的郑介民、毛人凤，都同胡宗南有很深的关系，他们唇齿相依，胡宗南一定会压住。王石坚没有供出你们三人的真实身份，那当然好。其实供不供无关紧要……即便王石坚招供，胡宗南也会让保密局保他的驾……我估计胡宗南心里有数，必然压着顶着，不敢声张，还会否认。对这样的事，我有点准头。"

事情的发展果然不出周恩来所料：是胡宗南把这个案子故意压下来不报。因为他深知，如果蒋介石知道了这个情况，势必怪罪于他，尤其是两次攻打延安的计划被完完全全破坏。于是，熊向晖一事只得不了了之。当时正在美国留学的熊向晖等三人，在收到李克农的紧急通知后，一直到中华人民共和国成立后才安全回国。

（本文选自《中国国防报》）

红色特工卢志英，牺牲在黎明前

文／张海鹏

在南京雨花台革命烈士陵园，埋葬着一位出生于山东的红色传奇特工。他于1925年加入中国共产党，后在中央特科从事情报工作。在二十余年的革命生涯中，他曾获得过许多重大情报。在胜利前夜，他被秘密杀害，他叫卢志英。中华人民共和国成立后，毛泽东主席亲自为他签署了中华人民共和国第六十号烈士证书。

周恩来送来结婚贺礼

1925年，二十岁的卢志英加入中国共产党。

1927年四一二反革命政变后，党组织派卢志英打入陕西省蒲城县保安总队，任总队长，利用这一身份从事秘密兵运工作。事发后，卢志英被捕，被关押到蒲城县驻军师部。

卢志英与妻子

营救他的是假扮成他妻子的中共党员、蒲城小学女教员张育民。当时，张育民冒着生命危险，机智地闯入敌师部，打开牢门，救出了卢志英等五位被押的共产党员。卢志英脱险到达宝鸡后，化名卢涛给张育民写了一封感谢信，并汇去大洋五十元，约她赴北平求学深造。

1928年，卢志英与张育民结成人生伴侣。周恩来亲自送来一对绣有鸳鸯戏水的枕头作为贺礼，并握着他们的手亲切地说：“祝你们互敬互爱，相扶相依，白头偕老，革命到底。”

在这期间，卢志英夫妇除了做学运工作和搜集军事情报外，还利用各种方式，为中共北京市委筹集了上万元的活动经费，他们自己却节衣缩食，过着异常艰苦的生活。后来，卢志英谈起这段经历时，总是自豪地说：“为了人民的解放，虽餐风饮

雪，也甘之若饴。”

“炮制”出“剿共模范”

卢志英出色的情报工作能力和坚定的革命意志，颇受周恩来欣赏。1933 年，周恩来将卢志英从北京调到上海的“中央特科”，继续从事秘密情报工作。

此后，在周恩来、李克农的直接领导下，卢志英在京、沪、杭之间往来穿梭，先后建立起几十个秘密联系点，为中共培养了一支地下尖兵队伍，神秘的触角一直延伸到武汉。

在谍战生涯中，卢志英最精彩的是拿到了蒋介石对中央苏区进行第五次“围剿”的“铁桶计划”。

1934 年夏，党组织派卢志英夫妇到江西做地下军事情报工作。卢志英化名卢育生，打入国民党江西赣北区行政督察专员兼保安司令莫雄的司令部，任上校主任参谋兼“清乡”委员长。

卢志英一方面争取思想进步、同情革命的莫雄司令，另一方面利用同特务头子康泽、“剿共”总司令陈诚相识相交的关系，陆续将一些中共党员安插在国民党的特务机关。短短三个月，便建立起一个神通广大的军事情报网。

当时，蒋介石已开始对苏区进行“围剿”，由其德国军事顾问塞特克制定出一个“铁桶计划”。为了拿到该计划，卢志英一手“炮制”出了一个“剿共模范”，他就是莫雄。卢志英的思路是，要想获得情报，首先得帮莫雄立稳脚跟。既不让他真的打红军，又要让他取得蒋介石的信任。于是，一场热闹的大戏就这样开演了。

莫雄的保安队按照日程与红军“打仗”，很快，德安周围的红军全被“肃清”了。实际上，红军早就安全转移到其他地区了。但蒋介石并不知情，一封封捷报送上去，国民党当局自然开心，不断对莫雄进行通报表扬，德安一时成了“剿共模范区”。一时高兴的蒋介石还对这个非嫡系下属给予了特殊礼遇——让莫雄上庐山参加最高级军事会议。而按照莫雄的级别，原本是不够格参加这样的重要会议的。

1934 年 10 月初，莫雄带着一大包文件从庐山开完会回来，经过一番思想斗争，他将庐山会议上制定的“围剿”红军的“铁桶计划”交给了中共情报人员项与年。

卢志英和项与年等人连夜用密写药水把情报上敌人的兵力部署、火力配置、进攻计划、指挥机构设置等要点，逐一密写在四本学生字典上，直到天色吐白，才将整个“铁桶计划”密写完毕，并由会讲客家话的项与年负责送出。拿到计划后，中共中央很快组织突围，开始了长征。

在上海滩很吃得开

抗日战争全面爆发后，卢志英被调回上海，开展对日军的情报工作。

1938年2月，在被日军划为禁区的提篮桥监狱斜对面，出现了一家沪丰面包厂。它的后台很硬，是由日军驻吴淞海军司令保岛特批的。厂长叫周育生，真实身份其实就是卢志英。这家面包厂表面上是为了解决国际难民的口粮问题，实际上，厂里送面包的工人都是地下党员，专门负责收集虹口一带的军事情报。此外，卢志英还通过朋友，在上海大世界等闹市区开设了“大中华咖啡馆”“唐拾义药厂”“金龙三轮车制造厂”作为秘密联络站。那时的卢志英就是一副富商老板的做派，在上流社会很吃得开。

为了结交保岛，精通日语的卢志英曾下过一番狠功夫。卢志英在他的咖啡馆里搞了一个“献艺会”活动，可以让食客们自愿上台去展示自己的音乐才能。

一个偶然的机会，卢志英探知保岛有相当深的音乐造诣，而且酷爱琴弦，随即投其所好，将“献艺会”改为“中日琴弦演艺共赏会”，很多人都自带乐器来参加。

一次，卢志英注意到听众后排静静坐着一个身着西装的瘦高个，不由得眼前一亮，这不是等待已久的保岛吗？几次过后，保岛实在忍不住了，他也走上台来，盘坐在古筝前，弹奏了一首曲子。曲罢，卢志英“恳求”保岛“屈尊”与他共和一曲。保岛点头答应，于是点了一曲《春江花月夜》。保岛用古筝、卢志英用二胡，行云流水般的琴声，倾倒了在场的观众。

此后，卢志英经常投其所好，拿着二胡，出入保岛官邸，与保岛切磋琴技。就这样，卢志英成为保岛难得的“知音”和“挚友”。

与保岛搭上线后，卢志英接到了为新四军筹集药品、枪械的任务。几番思索过后，卢志英决定冒险去找保岛帮忙。他带着钞票走进保岛官邸，声称自己有一个亲戚，本是当地大户，可近来不断受到土匪侵扰，因此打算建立一支乡村武装，需要采购一批枪械和药品。保岛知道卢志英另有企图，但面对重金，他还是动摇了，最后“听从”了卢志英的安排。

脚踏“两只船”，智取情报

1945年日军投降、国民党“劫”收上海后，马上搞了一场“肃奸活动”，还成立了“肃委会”，表面上要清除“日奸”，实际上是要继续铲除共产党。

赣北特务头子郑少石任上海国民党“肃委会”副主任。郑少石与卢志英有旧交，便马上通过朋友联系上他。两人见面后，卢志英诉苦说，由于受人排挤，自己组织了一支队伍，这些年一直在帮日本人做事，现在请郑少石帮他谋个差事。

不几天，在郑少石的竭力保举下，卢志英走马上任了，担任中统上海沪东区副主任，他的那帮“汉奸”兄弟也个个都有了好归宿。一时间，沪东敌特情报机关、警察局，从科长、行动组长、机要员到秘书，都有了卢志英的人。卢志英似乎还觉

得“不过瘾”，有意将中统的秘密泄露给了军统。戴笠知道后，私下与卢志英拉上了关系。这样一来，卢志英又当上了军统的情报员。脚踏中统、军统“两只船”的卢志英就这样不断从敌人的两个系统中探取情报。

卢志英有个助手叫张莲舫，染上了酗酒、嫖娼的恶习。1947 年 3 月，他向中统特务机关自首，将卢志英出卖了。中统随即秘密逮捕了卢志英。丧心病狂的特务对他施以种种毒刑，但还是一无所获。最后，只好将他押往南京。

1948 年 12 月 27 日晚上，离南京解放还有大约四个月，敌人卸下卢志英的脚镣，将他从监狱带到审讯室。卢志英才进审讯室，特务就扑上去，将浸过麻醉药的毛巾塞在他嘴里，又用粗木棍把他打晕，然后装进麻袋，放进一具木匣里，用汽车拉到雨花台的一座小山上，秘密将他活埋了！就这样，卢志英牺牲了，年仅四十三岁。

（本文选自《中国国防报》）

战斗在地下交通线上

文／苏培生

我是山东济阳人。抗日战争时期，我家曾被称为“地下交通之家”。我母亲（韩富玉，已病故）、我和妻子（李恩云）都是党的地下交通员。

1940 年，因生活所迫，我离别家乡来到济南经四路纬一路晋义公制镜厂当学徒工。在学徒期间，我受尽了剥削、压榨，饱尝了人间的辛酸。1943 年 6 月的一天，母亲把我带到了冀鲁边区党委二地委机关所在地（后为渤海区二地委）孙耿北边的张家庄，找到了组织科长曹明惠同志。曹明惠是个大个子，待人诚恳、热情，因为我母亲早是地下交通员，经常与他联系，所以他对我也格外亲热，询问我在济南的工作、生活等情况。然后对我说：“你在济南学徒三年，对济南的情况比较熟悉，组织研究决定让你担任地下交通员，再回济南，以做镜子为掩护，开展地下工作。”

党把这么光荣而艰巨的任务交给我，我非常高兴，同时又有点畏难。曹明惠看透了我的心思，对我说：“组织上相信你能够挑起这副担子。你母亲是老交通员了，有经验，随时指导帮助你。你在济南社会关系多，情况比较熟，你对象全力以赴地支持你。所有这些，都是你完成任务的有利条件。”

领导的鼓励、组织的信任，增强了我战胜困难的勇气。我决心挑起这副担子。在曹明惠交代了具体工作任务后，我便又返回了济南。

当时，济南是日伪在华北重点控制和重兵驻守的城市。市内军政警宪机关星罗棋布。不仅有日军的大半个师团和宪兵队，而且伪华北治安军第一、三、四集团军司令部所属八九个团，伪保安军四个团以及警察大队、皇协军等也麇集在这里。显然，在这里开展党的地下工作十分重要，当然也会有许多困难和危险。

开展地下工作，必须依靠人民群众。我回济南之后，首先注意团结教育群众，处处依靠群众，为开展地下工作打下坚实的群众基础。我经常和一些贫苦青年来往，相互谈心，交流思想，结为朋友。在鞭指巷北头糊纸盒的冯克勉和他的叔叔

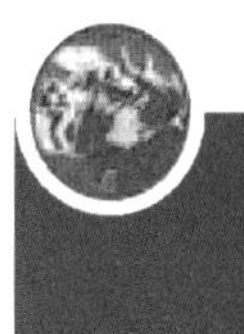

冯德智，都是二十多岁的青年，又是我的老乡。我经常与他们来往，给他们讲革命道理、美好前景，提高了他们的阶级觉悟，他们积极地支持我们的工作。经过一段时间的锻炼和考验，他们具备了入党条件，于是，在 1944 年 12 月，我们发展冯克勉、彭玉贵为正式党员。冯德智也成为我们党组织信得过的可靠群众，为我们地下党组织做了不少工作。

日军投降前夕，根据工作需要我由青云里搬到精忠街住。1945 年 9 月，遵照工委指示，我在精忠街单独开办明鑫制镜厂，作为开展地下工作的基地。我当了明鑫制镜厂的老板，组织上给予经济援助，使我成为精忠街附近的阔人，大大方便了我的工作。这时，我交往广了，朋友也多了。明着交一些有钱有势的朋友作为掩护和借用力量，暗地里交一些穷朋友作为依靠力量来壮大组织。以拉洋车谋生的青年贾文先和以卖菜为生的朱洪来（精忠街卖菜的）、孙庆芳（北坦卖青菜的）等为党做了大量工作，组织上发展他们为正式党员。在此基础上，我们建立了支部，我任支部书记。

为更加广泛地团结教育群众，开展地下斗争，我们又分别在三和街、北坦、南关玻璃镜厂、南营、精忠街、青云里等地建立了地下小组联络站，每个小组都指定专人负责，成员有四五人，这样，发展赤色群众二十余人，团结的群众五十多人。

1944 年，我家属李恩云打入济南担任了地下交通员。她的主要任务是及时地传送情报。当时，敌人在城内控制很严，来往行人稍有可疑就有被抓走的危险。市内主要街口都设有双哨卡，街上还设有流动哨，戒备森严，要把情报安全地送出去，把上级的指示安全地带进来，的确不是件容易事，一旦被敌人发现，不仅个人生命难保，而且会给党的组织和革命工作带来很大的损失。为此，她也感到责任重大。如何安全地把市内的情报送出去，把上级的指示带进来，她整天苦苦思索，想出了不少的办法。开始，她把信卷在头发卷里，后来又把信放在孩子的棉裤夹层里。一次，我让她把一份重要情报送到济阳，并亲手交给曹明惠或陈济民同志。为了安全地通过卡子，我们又商量了个新藏信方法，就是把信件卷成小纸团，放在馒头里面。动身之前半天内不让小孩吃饭，临到卡子时，把馒头拿出来给孩子吃。按照这个办法，我家属领着孩子出发了。她还是按原来的路线走，经过三和街、正觉寺街、剪子巷、北坦、炭场子，到洛口。

洛口是南北交通要道，敌人防守严密。她快到洛口渡口时，见一人被活活打死在路旁，过路行人吓得急忙离去。这时，她心里感到特别紧张。但她重任在身，继续往前走着。

她走出不远，就听到一个哨兵大叫起来：“抱小孩的，到哪里去？”她听到这喊声，急忙往前走了几步，随即把篮子里的馒头拿出来给孩子吃。到了哨兵跟前，沉着镇静地回答：“回娘家去！”那哨兵打量她一番，说：“过来检查一下。”哨兵还没检查完，她一看孩子吃得过猛，眼看馒头里的秘密快要暴露了。她急中生智拧了孩子一把，一巴掌把馒头打在地上，孩子卖命地哭起来。哨兵没有检查出什么东西，放过了他们。她赶紧捡起馒头，过了卡子，心里像一块石头落了地，才平静下来。急忙赶到济阳，把党的重要情报交给了曹明惠同志。领导还表扬了她，称赞她为“巧送情报”的交通员。

要解决打入干部进城问题，首先必须弄到“良民证”。那时老百姓没有日伪印发的“良民证”，休想进城。

为了弄到“良民证”，我们开始和伪警察人员进行交往。三和街警察所所长尚明启，有一定的民族意识，对日军的所作所为怀有不满情绪，他同情革命。我把这些情况向领导做了汇报，领导认为可以做争取警察所所长的工作。

一天，我去警察所找尚明启，谈话之际，尚明启又一次流露出对日军的不满，佩服共产党、八路军，说八路军是真正的抗日队伍，共产党为的是人民大众。我们越谈越投机，我便开诚布公地对他说：“尚所长你的为人我知道，你有民族正义感，有同情革命的精神，这是很可贵的。既然如此，你为何不另找一条出路呢？”

“你是什么人？说这话的目的何在？”尚所长吃惊地看着我。

“我是八路军派入市内的干部，尚所长，望你能认清形势，迅速做出决断，利用工作之便，多为我们打入市内干部落户口和办理证件提供方便。”他思索了一会儿，说：“我愿意暗中和你们来往，并给予工作上的方便，但表面上不能有任何的暴露。”我说：“绝对给你保密，决不食言。”

从此以后，尚所长经常帮助我们地下党组织做些工作，给我们地下工作者安全地出入济南市提供了不少方便。同时，在他的支持和安排下，警察所文书李晓燕、警察张怀忠等都对我们党的地下工作给予了很大的支持和帮助。

明鑫制镜厂开业不久，组织上派来赵鉴同志做我的账房先生，和我一起开展地下工作。为了工作的方便，我们请示上级领导批准后，让老赵到大观园一家米粉店当账房先生。

大观园是个闹市，是繁华的场所。这里来往人多，容易接近一些敌上层人物，有利于收集情报，开展工作。老赵当了大观园米粉店账房先生后，同上层人物接触较多，花费也随之增大。一次，组织上派我母亲给老赵送去了金条，取回了情报。几个月后，我又派冯克勉同志给老赵送去了金条、烟土，还有一封信。几天后

老赵的身份暴露。他立即对老板讲:“我出去洗个澡。”他出店之后，急忙跑到我家里。为了进一步把问题搞清楚，我马上到米粉店去，买了两个菜、二两酒，独自喝起来。不一会，来了两个中年人，坐在另一张桌子上。他们边吃边问老板:“你账房先生呢？”老板回答说:“先生去洗澡啦。”他俩嘀咕了几句，又吃喝起来。看他们的打扮、神态，我断定他俩是来逮捕老赵的。于是，我赶快离开米粉店，返回精忠街，决定让老赵立刻离开济南回工委机关。但当时济南岗哨林立，戒备森严，老赵出城困难很大。在这种紧急情况下，我们决定到警察所去找尚所长和文书李晓燕，让他们帮助解决。我急忙跑到警察所，找到了李晓燕，和他说明来意，李晓燕当即表示给予帮助。他给我们搞了一张名片。老赵拿着这张名片，由李恩云送他出了南围子门，顺利地通过岗卡，安全地撤出了济南市。

（本文选自济南党史网）

黄慕兰：红色特工百岁传奇

文／吴志菲

黄慕兰，原名黄彰定，又名黄淑仪、黄定慧，出身于湘中名门。1926年加入了中国共产党，于北伐前夕在武汉投奔革命，担任了汉口妇女部部长。之后，黄慕兰赴上海任中共中央书记处秘书，兼机要交通员，并成为中央特科成员。在上海从事地下工作时，曾营救过周恩来、关向应等中央领导人。

黄慕兰

2011年7月9日，黄慕兰老人在杭州度过了她的一百零五岁生日。

一百零五载的人生岁月，当年这位美丽的“红色女谍”究竟有过怎样传奇的人生？

出身湘中名门的黄慕兰，曾是中共早期的妇女运动领袖和特科重要成员，在上海从事地下工作时，营救过周恩来、关向应等中央领导人，在隐蔽战线屡建奇功。二十世纪五十年代，黄慕兰因受“潘杨案”牵涉，两度入秦城监狱，辗转十七年。二十世纪八十年代，她在邓颖超同志的帮助下顺利平反，并任上海市政府参事。1993年后一直居住在杭州。

2011年，是黄慕兰加入中国共产党的第八十五个年头，从青春年华开始，她便将一生的命运、前途、婚姻、财产，甚至不惜离夫别子，全身心地献给了共产主义事业。她跌宕起伏的传奇一生，是二十世纪中国社会风云和革命历程的一个侧面反映。周恩来曾称她为“我党百科全书”与“党的奇兵”。令人称奇的是，黄慕兰还被郭沫若、茅盾等大文豪作为原型写进文学作品中。中共特科元勋陈赓曾说：“黄慕兰的一生是中国革命曲折发展的反映。”

黄慕兰天生丽质，且秀外慧中，能力强，有魄力，曾给不少国共高层人士留下深刻印象。1927 年三八妇女节，武汉举行了几十万人的庆祝大游行，国共两党的名流如宋庆龄等全部到场，那年刚二十岁的黄慕兰是大会的主席……

“地下奇兵”出自书香名门

1907 年 7 月，黄慕兰出生在湖南浏阳北门外的一个开明之家。黄慕兰的父亲黄颖初曾经是谭嗣同的幕友，与谭嗣同一起办过收养弃婴的育婴堂，并与许多民国政坛人物都有交往。十二岁那年，黄慕兰被父母送进湖南省省会长沙周南女校读书。这所女校当时培养了一批在中国近代史上享有盛名的女学生，如向警予、蔡畅、杨开慧、丁玲等。黄慕兰原名黄彰定，在读《列女传》中的《木兰辞》时十分仰慕智勇双全的花木兰，参加革命后就改名为“慕兰”。

“我的父母对我虽然宠爱有加，但还是不能摆脱旧的习惯势力。他们误听媒妁之言，从小就给我定了亲。”1923 年至 1925 年，黄慕兰曾有过一段短暂的包办婚姻，“丈夫”抽鸦片、打丫鬟。黄慕兰偷偷给父亲写纸条，要求以母病为由回家，从此再未回过婆家。

青年时期的黄慕兰

北伐前夕，黄慕兰毅然剪掉长发，在汉口投入宋庆龄、何香凝领导的妇女运动，曾担任汉口妇女部部长。凭借着出众的外貌、灵活的交际能力，黄慕兰结识了社会各界的上层人士。生性多情的郭沫若把黄慕兰化身为长篇小说《骑士》中的女主人公金佩秋，茅盾先生写《蚀》的时候也借鉴过黄慕兰的人生经历。

1927 年三八妇女节当天，黄慕兰在董必武、瞿秋白的撮合下与中共中央机关报《民国日报》总编辑、中共中央军委机要处主任秘书和警卫团政治指导员宛希俨结婚。“我们结婚时没有举行任何仪式，是由董必武同志在一次会议上公开宣布的。同时，在报上还登了‘结为革命伴侣’的启事。就是这样一则简单的启事，对于我来讲就是公开否定了我过去的包办婚姻。”

7 月 14 日晚，黄慕兰夫妇接到党组织的意见后乘最后一班轮船离开武汉前往江西。“希俨穿上长衫马褂，化装成个绅士或商人；我则梳个巴巴头，装扮成一个家庭妇女。”

到江西大旅行社报到后，见到了担任地下党江西省委书记的陈潭秋，得知中央决定发动南昌起义，但是没有被告知具体日期。“因为要从事长期隐蔽的秘密地下工作，组织上吩咐我们在南昌不要公开露面，不参与武装起义的有关准备活动。”

党中央有什么文件要传达或各地有什么重要情况向中央汇报，都是在见面时转递的。“凡是中央发来的文件，我们都要再重写一份，一份留在省委，一份转发给共青团江西省委。抄写秘密文件的方式方法，我就是在那时学会的。”黄慕兰记得，当年经常用米汤水在《圣经》中密写文件、去小旅馆对接头暗号。至此，黄慕兰开始了“潜伏”人生。“父母为我保守机密，对外说‘已出国留学了’。”

1928 年，儿子出生才三天，宛希俨就被调往赣西南领导土地革命和武装斗争，四个月后牺牲。“希俨牺牲时才满二十六岁，这是我生命中遭受的最严重打击。这么一个年轻充满活力的生命从此消失了，他的音容笑貌和往日对我的关爱与帮助，时时在我心头涌现。我只有忍痛节哀，更加努力地工作和学习，以在革命实践中的奉献继续完成他未竟的事业，来报答他对我的恩情，告慰他的在天之灵。”

1928 年 12 月，黄慕兰接到地下党组织调令，秘密前往上海任中央委员会机要秘书，成为中央特科成员。赴命前，她强忍丧夫别子的巨大哀伤，把刚断奶的儿子送回宛希俨的父母家抚养。

在中央机关工作时，黄慕兰遇见了在武汉时就认识的贺昌。贺昌在中共六大上和关向应同时当选为中央委员。见到黄慕兰，贺昌劝慰她节哀顺变，鼓励她摆脱消极情绪。在贺昌的帮助和鼓励下，黄慕兰渐渐开朗起来，和贺昌的感情也日益加深。终于有一天，贺昌向她求婚。在征求周恩来意见、得到组织同意后，黄慕兰开始了她的第三段婚姻。按组织要求，她对外隐瞒了自己与贺昌秘密结婚的经历，借宛希俨遗孀的身份到上海找工作，以此形式公开露面。

1929 年 1 月，贺昌先后担任中共广东省委宣传部部长、广东省委书记，并全面指导了广西左、右江地区的军事斗争，特别是决定成立中共广西前敌委员会，任命邓小平为前委书记，帮助指导发动了百色起义。这年 6 月，黄慕兰化名“刘阿秀”在沪东恒丰纱厂当学徒，在领导工人罢工争取权益时被捕，囚于龙华监狱一百天。在监狱中，她配合彭湃进行联络工作，组织狱中斗争。出狱后，她又随贺昌调往香港。12 月，她乔装成贵妇，乘坐豪华游轮，从香港运送共产国际拨来的巨额经费到上海交给党中央。

1930 年 1 月，中共中央常委会决定派贺昌到天津主持北方党的工作和武装斗争。中共中央两次电示广东省委，任命贺昌为中共顺直省委书记。为便于到北方开展革命工作和适应艰苦环境，3 月中旬，贺昌与夫人黄慕兰忍痛将出生仅十几天的儿子贺平，托付给工人出身的新任广东省委书记卢彪抚养，毅然离开香港。直到中

华人民共和国成立后的1950年夏天，中央才把贺平从澳门接到北京，贺平才知道自己是烈士贺昌与黄慕兰的儿子。

营救关向应的“女谍”最先报告向忠发叛变

1931年，贺昌主动申请独自秘密前往苏区斗争，黄慕兰再次面临离别。

1931年1月，因“左”倾错误的影响，党在上海的地下工作受到很大破坏，许多地下党员被捕。组织看中了黄慕兰的活动能力和社会关系，便任命她为中国人民革命互济总会的营救部部长，与刚刚接任中央特科工作的潘汉年单线联系，承担营救被捕同志的任务。

这年4月，时任中共中央政治局候补委员的关向应在位于上海闸北区的寓所被捕。关向应当时化名李世珍，被捕时身份没有暴露。几天后，担任中央保卫工作的政治局候补委员顾顺章在汉口被捕，随即叛变，不仅供出中共中央地下几乎所有机关及领导人地址，还将在押的、身份尚未暴露的中共领导人一一指认出来。情况非常危急！黄慕兰接到指示：不惜一切代价尽快救出关向应。

当时，黄慕兰打扮成上层妇女，出面去找一位名叫陈志皋的年轻进步律师。陈志皋出身于享有盛名的世家门第，家族背景雄厚，其父陈其寿在上海法租界当了十八年刑庭庭长，在上海司法界一言九鼎。陈其寿很欣赏黄慕兰，收其为干女儿。陈志皋向父亲提出，黄小姐有个远房亲戚叫李世珍，被当局误抓，现关在龙华监狱，不知能否通融一下。陈其寿一听，二话不说，一口答应了下来。在陈其寿的打点和疏通下，被关了近半年的关向应终于被放了出来。黄慕兰和陈志皋亲自驾车到龙华监狱将关向应接了出来，并在东方旅馆包了房间替他接风洗尘。不久关向应便受中央派遣去了湘鄂西苏区，担任了湘鄂西苏区的军委主席团成员兼红三军政治委员。

在营救关向应期间，陈志皋对美丽聪慧的黄慕兰展开追求。1931年6月22日下午，陈志皋约黄慕兰一起去看电影。因时间尚早，两人便找了一家咖啡馆坐了下来。两人刚刚坐定，又有一人推门而入。来者叫曹炳生，是租界当局的法语翻译。他和陈志皋是同学，一见碰到了熟人，便径直走了过来。

曹炳生无意间透露，当天巡捕房捉了一个共产党的大头头，五十多岁的样子，湖北人。“他酒糟鼻子、金牙齿，一只手只有四根手指。这个人架子蛮大，但没一点儿骨气，还没用刑就什么都交代了……”

言者无意，听者有心。黄慕兰一边面不改色地喝咖啡，一边紧张地琢磨此人到底是谁。等曹炳生一走，黄慕兰便借口头疼，不看电影了，让陈志皋将她送回了家。一到家，她便打电话通知了潘汉年。见面后，黄慕兰说：“会不会是总书记向忠发？”“对，是他。他年轻时为了戒赌，将左手手指砍去了一个。那我就走了！”说罢，潘汉年急速跑了出去。

周恩来接到潘汉年的密报之后，立即搬家，中共地下组织的其他成员也纷纷转移。

曹炳生说的那个叛徒正是向忠发。为了查实向忠发的叛变，周恩来一面派内线进一步打听，一面派特科队员在小沙渡路自己和向忠发的寓所附近埋伏、侦察。

那时，上海有一种挑着担子流动卖馄饨的小贩，都是在晚上通宵营业的，参与中央特科领导工作的康生派了两个特科的同志装成小贩，挑着馄饨担子分别到向忠发所知道的周恩来和李富春撤出前所住的地方附近观察。果不其然，到凌晨1时左右，看见一个人戴着手铐脚镣，领着巡捕房的人来了，直接就用钥匙开了周恩来家的门闯进去，他们自然是扑了个空。周恩来家只有三把钥匙，他和邓大姐各一把，还有一把交给向忠发，如果他俩都不在家，向忠发也可以打开门很方便地进去。很明显，这带了巡捕前去抓周恩来的叛徒就是向忠发。

在和陈志皋的交往中，黄慕兰结识了很多上层人士，她不忘使命，在幕后策划各方面的营救活动。与此同时，党组织也加强了对陈志皋的争取工作。

1933年，陈志皋正式向黄慕兰求婚。但那时，黄慕兰一直对去苏区后杳无音信的贺昌念念不忘，就以家庭地位不相配为由拒绝了陈。但陈“竟咬破手指，在一条白手巾上书写爱意”。黄慕兰向组织倾诉了自己的苦恼。党组织认为，在当时复杂的白色恐怖背景下，黄慕兰与陈志皋结合，很可能会打开新的工作局面。黄慕兰于是听取了组织的意见，带着“继续支持营救被捕同志工作、婚后互不干涉个人行动、允许她将来与前夫遗孤相认”的三项约定，答应了陈的求婚。陈志皋迎娶了情绪复杂的黄慕兰。蔡元培、沈钧儒和柳亚子等名流为其证婚、做介绍人。

中央红军开始长征后，贺昌跟项英、陈毅等一起被留在江西坚持游击战争。1935年，贺昌在一次率领部队向粤赣边区突围时，在江西会昌牺牲。

黄慕兰与陈志皋结婚以后，1933年奉命脱党，先后以银行家、慈善家、国民党特派员等特殊身份为中共工作，参与了“全国冤狱赔偿运动”、营救“七君子”出狱、打通中共海路交通线、香港文化名人大撤退等重大行动，其间也曾再次遭受国民党的牢狱之灾。

1942年，黄慕兰在重庆见到周恩来，周恩来表扬了她的牺牲精神。

“一缕幽香，万般情意，沁人柔肠千结。回忆北伐扬鞭，年少风光卓绝。壮志豪情报国心，如荼火热。抛家出走忘朝夕，挥剑誓除荆棘。世间事，自多曲折。肝

胆照，同仇巾帼。救死扶伤，神驰先烈。强敌崩溃，人民欢悦。又谁料风波再涉。感明镜，鉴我无私，还我本来清白。”这是黄慕兰老人在其自传出版时写的一首诗，写出了她一生的忠诚与情怀。

（本文发表于2011年11月，选自《天津日报》，有删节）

东江纵队抗日谍战风云录

文/宾 阳 毕中林

广东人民抗日游击队东江纵队是抗日战争时期，由中国共产党领导的在华南敌后建立的一支人民抗日武装队伍。在长达十四年艰苦曲折的抗日斗争中，东江纵队在曾生、林平（尹林平）、王作尧、杨康华等领导的指挥下，积极配合全国各地抗日战场和盟军，英勇地打击敌人，成为蜚声中外的华南抗日战场一支坚强的武装部队，成为广东人民解放的一面旗帜，为中华民族的解放事业作出了不可磨灭的贡献。在抗日战争中，东江纵队机警而出色的情报工作，在整个战争中发挥了重要的作用，赢得了国际友人的高度评价。东纵战士营救了一批国际友人和盟军人员，赢得盟军信任，为建立情报合作关系奠定了基础，促进了国际反法西斯统一战线的发展。

初夏的大岭山，郁郁葱葱，绿意盎然，宛如一块晶莹剔透的大翡翠镶嵌在繁华富庶的珠三角大地上。这块饱经烽火洗礼的革命圣地，如今是全国青少年教育基地，人气鼎盛的森林公园。抗日战争时期，正是在这个风景秀丽的小山脉，上演了惊心动魄的抗日游击战，成为当时“敌后三大战场”之一的华南敌后战场的主要阵地。在小山脉脚下的大王岭村，如今还保存着当时的村落布局和历史氛围。2005 年 9 月，广东东江纵队纪念馆在这里落成，成为华南地区纪念抗日历史的一个地标。

史料记载，全面抗战爆发后，中共中央派廖承志、潘汉年和张云逸到香港、广州组建八路军办事处，开展统战工作和动员民众抗日，并于 1938 年 4 月成立中共广东省委。同年 10 月，日军侵占东江下游各县及广州后，中共中央即电示广东省委和八路军驻香港办事处在东江敌占区开拓游击区。据此，八路军驻香港办事处主任廖承志委派中共香港海员工委书记曾生，率共产党员和香港进步工人、华侨知识青年共三十余人到达惠阳坪山地区，组织人民抗日武装。东江纵队正是在这样的组织领导下，逐渐发展壮大的。

东江纵队游击队员在行军中

1941年12月，日军侵占香港。根据中共中央的指示，东江纵队的前身广东人民抗日游击队第三、第五大队各派出一支武工队进入港九地区，成立港九大队，开展城市游击战。直到1943年12月2日，广东人民抗日游击总队才正式改编为东江纵队，曾生任司令员，林平任政治委员。

东江纵队在同日伪顽军的长期斗争中，逐步建立了整套严密的情报系统。在整个东江敌后，南起香港，北到广州，东至海陆丰，西达珠江东岸，包括粤北沦陷后的北江和小北江地区，遍布着大小不一的情报站。从事情报工作的人员发展到二百多人，这些地下党员不畏个人安危，日日夜夜在敌占区甚至敌人的心脏，为获取各方情报同敌人斗智斗勇。

刺入敌军心脏的利剑

今年九十五岁的杜襟南，曾任东江纵队司令部机要科科长。5月24日，这位家住广州市白云区的老战士讲述了抗战时期东江纵队情报工作尘封的往事。尽管年逾九旬，但他的思路清晰，声音洪亮，说起当年的故事，他显得格外兴奋。

1940年末，杜襟南由中共广东省委调到东莞大岭山抗日根据地工作，创办了抗战时期广东敌后地区第一份革命报纸《大家团结报》，并任报社负责人。“我来的时候，省委给了我两个任务：一是去做东江军政委员会的秘书；二是建电台。但实际上很多时候都在搞情报工作。”

杜襟南说：“各部队情报站的工作重点是获取日伪顽军的军事情报，如驻军人数、布控、武器装备、工事设施、战斗力强弱等情况。特别是日伪顽军有行动时，情报人员就要千方百计提前获取其兵力集结、行动部署、进攻时间和目标等准确情报，并抢在敌人行动之前，哪怕是早一天半天甚至一小时将情报送达部队。这对部队迎击敌人能否取胜有着关键性的作用。”

在港九地区，东江纵队港九大队就建立起大队、中队和群众三级情报网，搜集日本占领军的军事、政治、治安、经济、文化等各方面的情报。为取得准确情报，港九大队还设法派一批队员打入日本占领军的行政管理机构，或打入情报工作系统，使港九地区形成了有网、有线、有点的情报工作系统。香港九龙的各个角落，几乎都有港九大队的耳目，随时都可以了解到敌人的情况。

何太是杜襟南的老搭档，1921 年出生，东莞莞城人。历任广东人民抗日游击队战士、班长，《大家团结报》记者、编辑，广东人民抗日游击总队电台译电员、新闻文件电台台长等职。1985 年，何太从暨南大学经济学院党委书记任上离休。

何太讲解了电台情报翻译的原理，他说："收报机听不了音乐，只能收电报。我们收了就自己译，那些电码是明码，四个码代表一个字。"何太举例说："延安的'延'字就是'一六九三'，'安'字就是'一三四四'，如果要翻译'延安 ×× 日电'，必须记住这些代码才能译出来，不然只知道信号是看不出什么来的。"

"当情报人员打入敌军内部时，他们就像一把利剑直刺敌人的心脏，让他们防不胜防。"何太说。

李成就是其中之一，他会讲英语和日语，打入了香港日军宪兵部特高课。一天中午，值班的军曹带队下令立即出发，分布到各交通要道、码头缉捕港九大队市区中队的游击队队员。李成得到情报后，冒着生命危险直奔设在北角清风街的联络点报信。市区中队及时采取防范措施，使敌人一无所获。他还曾利用职务之便窃取了一份驻港日军的军用地图副本，交地下党负责人黄施民转黄作梅交美军十四航空队。1944 年底至 1945 年初，盟军据此图炸毁了香港九龙船坞等日军据点。

《东江纵队志》也记载了女情报员文淑筠的事迹。在香港中上环之间半山上一座"儒林台八号"的四层楼上，港九大队女队员文淑筠每天站在阳台用望远镜观察维多利亚港湾日本军舰出港及锚泊的情况，一一记录下来交给市区中队转送港九大队，为后来盟军出动飞机轰炸日军军舰提供了有价值的情报。

启德机场刘黑仔的传奇

在广东东江纵队纪念馆展厅，有一尊头戴毡帽手握驳壳枪的塑像，神态英武，他的绰号就叫"刘黑仔"，原名刘锦进。这是一个充满传奇色彩的人物。该馆的讲解员讲述了他的一段传奇故事。

日军自从侵占香港、九龙后，加紧在香港建立空军基地，把九龙的启德机场扩建为空军机场，成为日军经常轰炸和威胁中国沿海及内地、控制南太平洋上空和领海的基地。为了准确有效地炸毁日军的这个基地，英、美盟军曾几次派出情报人员，深入港九地区对机场进行调查和实地侦察，都没有取得成功。盟军情报人员在香港、九龙待了三个多月，都无法进行调查，结果一无所获。

1942年，英军在广西桂林成立了英军服务团，并在惠阳成立了英军服务团前线办事处。巧的是赖特上校和祁德尊少校正好分别任服务团总指挥和办事处主任，就在他们为无法获得启德机场的情报而犯愁时，赖特上校和祁德尊少校想起了东江游击队，因为他们都是被东江游击队营救出来的，所以对东江游击队极为赞赏和信任。

一天，他们找到东江游击队领导曾生，请求游击队配合他们搜集启德机场的相关资料。

任务落在短枪队队长刘黑仔身上。刘黑仔经过仔细观察，发现日军机场虽然戒备森严，但对附近的小孩儿出入机场未加管束，那些小孩儿经常在机场内玩耍，有时还会偷些废铁等东西出来卖钱。为此，刘黑仔派出小交通员混入小孩子当中反复摸索，不到三天时间，就将启德机场的建筑、构造和火力配备等情况调查得清清楚楚。

得到第一手资料后的英军非常高兴，毕竟他们三个月办不到的事情东江游击队三天就顺利完成了。对此，赖特上校和祁德尊少校赞叹不已。不久派出第十四航空大队在桂林起飞，将启德机场炸了个天翻地覆，使日军遭受重创。从此，东江纵队与英军服务团开始了并肩援救美军人员、互通军事情报的合作。

与美军建立情报合作

东江纵队与英军的情报合作，引起了美军的高度重视。1944年2月9日，罗斯福致电蒋介石要求派遣美军观察组赴延安考察。美军驻重庆高级顾问史迪威将军与中共驻重庆办事处的周恩来谈判，要求派八个观察组到中共抗日根据地进行合作。同年10月7日，欧戴易少校负责的美军观察组来到东江纵队，要求进行情报合作。

东江纵队就与美国进行情报合作的问题，向中共中央发去了请示电报。10月13日，党中央回电同意了东江纵队的请示。随即，东江纵队抽调袁庚负责筹备联络处的工作。1944年11月1日，纵队再次就联络处的筹备情况请示中央。中央同意在东江纵队设立联络处作为特别情报部门，正式任命袁庚为东江纵队联络处处长，主管珠江三角洲和广东沿海敌占区的情报和交换情报的工作。

为了保密，东纵司令部转移到罗浮山，欧戴易的观察组对内叫安全保密组，由翻译黄作梅陪同，隐藏在罗浮山北侧的一位地下党员家里。东江纵队在罗浮山上架设电台，通过欧戴易少校与美国第十四航空队的陈纳德将军和美国太平洋舰队总司令尼米兹联系。

郑群，曾任东江后方特委武装工作部部长，东江人民抗日自卫总队队长。他于

东江纵队游击战士分路伏击敌人

2005年在《广东党史》杂志中发表了一篇《东江纵队的特点及其精神》的文章。文章中提到，1944年7月，李嘉人、邓楚白带领一批进步青年从桂林到东纵、珠纵参加部队。邓楚白向省临委报告了美军准备在中国东南沿海登陆打击日军，需东纵配合。接着省临委派邓楚白与从珠纵到广州的李嘉人接头，派李回广西联系。随后，经党中央电示同意，美军第十四航空队派出一个情报组到东纵建立情报合作关系，并设立电台。东纵相应建立联络处作特别情报部门，任命袁庚为处长，黄作梅任联络员兼英文翻译，主管广东沿岸及珠江三角洲敌占区情报工作。

《东江纵队志》记载，东江纵队联络处先后向美军提供过日军在香港启德、广州天河、深圳西乡南头机场的图例和说明，以及日军太古船坞建造计划图、日军华南舰队密码、日军神风攻击队K2飞机图纸、广九沿线日军工事图、香港日军海防图等大量重要的军事情报。

黄作梅在《我们与美国合作》等文中写道："因为这些情报对在华美军当局非常宝贵和有用，东江纵队获得了陈纳德将军、在华美军司令部甚至华盛顿的赞誉。盛赞东江纵队情报站是'美军在东南中国最重要之情报站'，它的情报被认为'在质与量都经常优越'，感到'极大满意'。"鉴于东纵为世界反法西斯战争作出了贡献，1947年英国政府邀请黄作梅到伦敦参加庆祝第二次世界大战胜利大游行，并获英皇接见，授予"MBE勋章"。

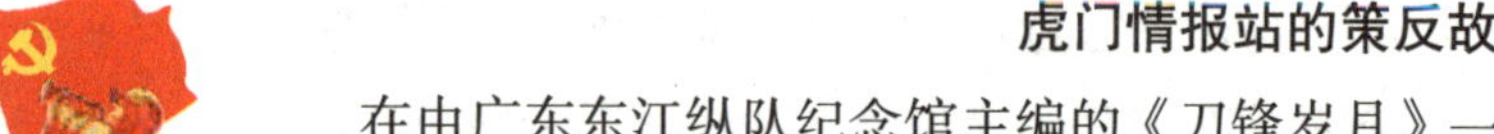

虎门情报站的策反故事

在由广东东江纵队纪念馆主编的《刀锋岁月》一书中，详细记录了虎门情报站的一段历史。该书中《战斗在日伪心脏的虎门情报站》一文记载：虎门情报站的工作人员深入敌人心脏，在敌人的眼皮下冒着生命危险以各种职业为掩护搜集情报资料，或利用各种关系打入敌伪的队伍中获取敌情，甚至策反敌伪人员为东纵军队提供情报。

情报员有时甚至单刀直入，控制日伪重要人物，胁迫其提供情报。《刀锋岁月》中记载，虎门社岗地主、太平资本家叶炳荣，是太平荣丰米铺和莞太汽车行的老板，1944年叛国投敌，当上虎门日军“宪兵侦缉队”队长。曾被东纵部队抓获过，本该按汉奸惩处，但他表示悔改并答应为我部队提供情报，被宽大释放。

但此人狡猾，言而失信。6月的一天，新生大队的政委张英同志通知欧培，要设法到“宪兵侦缉队”部找到叶炳荣，限令其为游击队提供情报。在此之前，游击队已经派三名党员打进侦缉队。欧培接到通知后，马上开始行动。他把左轮手枪藏在雨伞中，顺利通过虎门东校场岗哨和虎门医院日军总部岗哨，到达叶炳荣的住处。

当欧培进入叶炳荣的房间时，叶正躺着抽大烟。欧培冷冷地叫了一声“荣哥”，叶炳荣立即脸色大变，伸手向枕下取手枪。欧培压住他的手说：“你不用怕，我不杀你，上级叫我找你，有事商量。”叶问：“上级是谁？”欧培答：“老模（当地百姓对东纵游击队的俗称）。”

欧培机警地把叶炳荣的枪卸了子弹，丢在床头，然后命令他开车离开虎门到一个山头详谈，他照办了。经过详谈，叶炳荣深知当汉奸没有好下场，表示要将功赎罪，以后保证给游击队提供情报，并约定由荣丰米铺工人王培负责联系和接取情报。从此，叶炳荣不断向游击队提供日伪活动的情报。这些情报先后被送给游击队的史明、张英、李植光等领导同志，为制定战略方针提供了参考，使部队在战场上取得了主动权。

那些为情报牺牲的烈士

当年情报交通站的旧址就位于东莞市大岭山镇大王岭村，这里较完好地保留着当年商铺的原貌。里面立有一尊掌柜老板的塑像，柜台里陈放着一些当年商品的仿制品。作为情报交通站，这里表面上看就是一间普通的商铺，其实店主就是时刻准备为革命事业献身的地下情报人员。

李淑桓

东纵纪念馆副馆长李河清讲述了大岭山当地情报工作的往事。李河清说，有的情报人员遭敌人逮捕而壮烈牺牲，女教师李淑桓就是其中一位。她从香港带了六个儿女回到内地参加抗日游击队。回来后，她在东莞市大岭山区大圹村任教，并负责情报工作。1941年10月顽军进攻大圹村，她不幸被捕。李淑桓痛斥顽军不打日军专打内战、屠杀抗日军民的暴行，被顽军杀害于大岭山金橘岭村。

东莞石龙镇的张招妹也是因情报工作而牺牲的一位女英雄。张的两个女儿李焕章、李嫦参加了抗日游击队，她也在石龙镇负责交通站情报工作。张招妹经常以小贩身份为掩护，把情报藏在发髻里，机警地通过敌人一个个关卡送达目的地。1945 年 4 月，东莞国民党军勾结伪军头目李潮的“抗红义勇军”，由叛徒带路突袭交通情报站逮捕了张招妹，迫使她供出游击队和交通情报站的情况。张招妹受尽严刑拷打宁死不屈，最后被顽军拖到东江河边枪杀。

（本文选自《中国文化报》）

揭《伪装者》明楼原型：中共王牌特工袁殊 五重间谍世界罕见

文/佚 名

热门电视剧《伪装者》中男主角的哥哥明楼是汪伪政府要员，军统特工，代号“毒蛇”，同时也是中共地下组织一员，多重身份集于一身，堪称传奇。那么明楼有没有历史原型？他是有历史原型的。明楼的原型就是传奇特工袁殊！

在间谍圈里，双重间谍乃至三重间谍都颇为常见，但同时为五家客户做事的间谍恐怕在这个世界上属于独一无二了。这位名叫袁殊的“红色特工”除了是我党情报系统的工作人员之外，还同时有着中统、军统、侵华日军以及青洪帮的五重身份。

正是由于这种奇特的五重间谍身份，这么多年来，关于袁殊的评价可以说是众说纷纭。早在抗战结束时就有人说他是“民族败类”，国民党甚至一度还打算在抗战结束的时候以“汉奸”罪名起诉袁殊；中华人民共和国成立后袁殊也因为卷入了“潘汉年案”而被捕入狱，直到1982年才获得平反。即便如此，近年来民间关于袁殊的争议都没有平息下来。但越来越多的学者认为，袁殊的多种身份是以为中国共产党服务为主的。

1911年4月，袁殊出生在湖北蕲春一户没落的官宦人家。在袁殊八岁的时候，他随母亲贾氏来到了上海投奔父亲袁晓岚。1927年，袁殊参加北伐军，曾任国民革命军第六军第十八师政治部连指导员，还在他父亲的友人胡抱一的提携下加入了国民党，但这一关系并没有避免袁殊在四一二反革命政变后被“清党”的命运。1929年，袁殊留学日本专攻新闻学，接触了一些进步思想，并于1931年加入中国共产党并参加中共中央特科，在潘汉年领导下从事情报工作。

从此直到1946年去解放区，袁殊在潘汉年的导演下，成功地演出了一场场出色的情报战。

袁殊在日本东京留学时的留影

在八一三淞沪抗战期间，袁殊置生死于度外，深入日军阵地侦察，把收集到的军事情报统统提供给了潘汉年，部分情报也在经过选择之后交给了戴笠。而在上海沦为孤岛后，袁殊奉潘汉年之命（表面则是戴笠之命）留了下来，成立了秘密行动小组，专门惩办侵略者与枪杀臭名昭著的汉奸，率领军统特工成功炸毁日本在虹口的海军军火仓库。

此后，袁殊一方面通过各种关系，大量获取日本情报。自然，他先向潘汉年汇报，然后，有选择地向国民党方面汇报——毕竟是国共合作时期，有共同的民族利益；另一方面，袁殊打着“岩井公馆”的招牌，利用岩井英一的钱为党组织设立电台、提供活动经费，“岩井公馆”几乎成了中共的情报工作据点。

袁殊从日本人那里获得的情报有哪些呢？我们简单列举一下：1939 年英法企图牺牲中国对日妥协的远东慕尼黑活动；1941 年 6 月德国即将进攻苏联；苏德战争爆发后日本战略动向是南进而非北进；日伪内部的人事更迭；苏南日军的兵力部署和“清乡”行动具体时间……总而言之，袁殊获得并交给党组织的，有相当一部分是极为重要的战略情报！

1927 年袁殊在北伐途中

袁殊与日伪、共产党、国民党都有联系，对此日伪、共产党、国民党等各方都是知道的，但在多种面目中，袁殊是以为中国共产党服务为主的。他担任日伪职务期间，没有做一件危害人民的事，而是尽力保护和营救被俘的抗日干部。虽然日伪和国民党对袁殊都不太放心，对他进行过调查，但自 1937 年到抗战胜利，袁殊几乎没有发生过任何意外，这无疑是与他的智谋和出色的活动分不开的。对此，袁殊在中华人民共和国成立后常常对人说：“抗战期间我党的敌后工作，幕后指挥的是潘汉年、王子春，但在台上表演的是我——

袁殊。”

抗战胜利后，得知国民党将以“汉奸”罪名起诉袁殊，中共将袁殊秘密转入根据地，并于1946年在根据地重新入党，后任华中联络部第一工委主任。中华人民共和国成立后，袁殊被调往北京，担任中央军委联络部副处长、中央情报总署亚洲司司长等职，负责做日美动向的调研工作。1955年袁殊受“潘汉年案”牵连，被捕入狱；1982年后随潘汉年彻底平反而获得平反。1987年袁殊在北京病逝，葬于八宝山革命烈士公墓。

（本文发表于2015年10月，选自《中国边防警察报》）

隐蔽战线上的“地下尖兵”

文／岳蔚敏

1939年春，日伪河南省机关由安阳迁至开封，建立各级伪政权机关，极力推行殖民政策。为了组织和领导人民抗日斗争，从1942年起，十八集团军前方总部情报处开封情报站、冀鲁豫开封工委、八路军锄奸部开封工作站和水东地委开封城工小组相继组建。隐蔽战线上的“地下尖兵”搜集日伪大量重要情报，开展统战敌伪工作，配合根据地军民的抗日斗争，完成了时代赋予他们的使命。

民宅中的五十一号情报站

1943年8月3日，十八集团军总部开封情报站成立，代号“五十一”，主要负责搜集日伪军政上层的重要情报。这个情报站就设在开封市马府坑街一处普通民宅之中。

原十九号院北屋

顺着马府坑街狭窄的胡同往里走，迎面是一个破旧的院门，再往里走便是当年的十九号院（现为二十五号院）。紧临大街的第一道门是个很不起眼的小门，而里面的两个院门则是精美的门楼。据说二十世纪六十年代老门楼还在，后来被拆除，现在院门西侧还保留一小部分老门楼的墙垛，依稀可以看到当年的痕迹。院内西侧厕所的位置直通北陶胡同，而北陶胡同四通八达，如果遇到危机，可逾墙而走。

尽管时隔七十多年，此院落却依旧保持着当时的模样。开封市文史研究者刘海

永说，1942 年 2 月，十八集团军前方总部参谋长兼情报处处长滕代远，指示郭有义进入开封开展情报工作。郭有义通过其任伪河南省财政厅厅长本家爷爷的关系，谋得了开封契税局事务股主任的职务，以此职业为掩护，筹建情报站。

郭有义开始在开封寻找合适的地点，最终在马府坑街十九号院购置一套房子，并同先于他进入开封在静宜女中上学的学生李瑞兰以表兄妹身份为掩护入住院内，后来为便于工作又结为假夫妻。1943 年春，总部从安阳调刘润梓来开封任交通员。郭有义任开封五十一号情报站站长，情报站就设在他的住处。为确保安全，一般人员不准随便到情报站，均由联络站接待。

1944 年，情报工作日益繁重，但情报越来越难传递，于是滕代远决定为情报站配备一部电台，而这项工作自然落在了情报站交通员刘润梓身上。当时刘润梓经安阳到达根据地，领到了电台。为了将电台安全带上车，他把电台包装在一捆大葱里面，乘火车经汴新（乡）铁路来汴。有人检查，刘润梓就连忙给前来检查的人递烟，佯装自己是做小生意的，刚从老家回来，顺便从老家带了一捆大葱。刘润梓胆战心惊地应对检查人员，没想到几句好话竟让他化险为夷，将电台安全运到开封。

“当时的电台技术比较落后，机器笨重，天线足有三十米。每到深夜，五十一号情报站的工作人员就把天线安装好，白天拆除天线，隐藏电台，发送情报时再安装。很多情报都是这样在深夜里发出的。”刘海永说。

五十一号情报站如同刺入敌军心脏的一把利剑，隐蔽在这里的共产党员在黑暗的夜空中上演了一幕幕惊心动魄、可歌可泣的英雄事迹。他们用机智和勇敢，为中原抗战作出了不可磨灭的贡献。

地下斗争助抗战

抗日战争中后期，遵循党中央加强城市和交通要道工作的战略部署，中共冀鲁豫边区党委直接领导下的开封地下工委应运而生。从诞生的第一天起，地下党员、革命同志和他们的家属就同心协力、同仇敌忾，建组织、辟专线、搜情报、搞策反，赴汤蹈火斗古城。

开封市著名学者李善河老师曾向笔者讲述了冀鲁豫开封工委抗日斗争的故事。1942 年夏，新四军四师彭雪枫、吴芝圃部奉命战略转移到洪泽湖一带后，其所开辟的水东根据地亟须加强领导。冀鲁豫边区党委接收该地区后，将其划为十二地委。那时，日军在陇海铁路沿线两侧挖封锁沟、建铁丝网、设碉堡群，对出入封锁沟的人严加盘查，企图切断冀鲁豫边区与各分区的交通往来。因此，亟须建立一条横跨铁路的南北交通安全线。地委经反复研究，决定把任务交给具有丰富对敌斗争经验代号为“徐掌柜”的敌工干部，并让他兼任民兰（民权、兰封）工委敌工部部长。

“徐掌柜”化名徐景春，1911 年生，师范毕业，教员出身，河南辉县人。他首先通过内线取得民权县警察局的“良民证”，返回开封与地下党员接头，初步掌握了汴商铁路沿线的敌情。之后，他只身赶赴商丘，仔细观察铁路沿线的地理状况，侦察敌人的兵力分布与武器配备，最后确定选择在民权县境内的内黄集与野鸡岗之间开辟交通线。经区党委和五地委研究，决定在内黄集设立陇海路汴商段敌伪军工作站，限三个月内建成南北交通安全线，并做好日伪军策反和情报工作。

在道南民权县委的支持下，“徐掌柜”接收了“沟里”铁路沿线的十名老党员，以地下党员张万一所开药铺后屋为机关站，以地下党员韩明修所开粮行后院为交通联络站，当年 12 月陇海站便成立了，后来又增设了胡集、柳河等五个交通联络站。

1943 年夏，遵循边区党委的指示，陇海站决心把伪省长陈敬斋争取加入组织。陈敬斋系安阳人，因为日商代购桐木结识了日特头子土肥原，并参加了日特组织。侵华战争开始后，土肥原任日军师团长率部侵占华北，即任命陈敬斋为豫北道道尹，后升任伪河南省省长。陈敬斋任省长后，对自己的将来始终没有把握。边区党委认为只要工作得当，完全可以把他争取过来。于是，重担落在了“徐掌柜”肩上。他回辉县找到老同学戴小龙。戴小龙系官宦出身的当地士绅，与陈敬斋有私交。“徐掌柜”以做生意为名，请戴小龙帮忙引见陈敬斋。经多次奔波，“徐掌柜”终于见到了陈敬斋。

这时，刚从日本回国的陈敬斋的儿子也对当时日本国内已经陷入“以战养战”的困境表达了看法。“徐掌柜”则乘势宣传我党的政策。陈敬斋经反复比较、权衡利弊，终于动摇。后来，他待“徐掌柜”如上宾，多次找“徐掌柜”单独交谈，并让儿子开专车送“徐掌柜”上火车。

“徐掌柜”向边区党委汇报了情况，另一位站领导王丹宸化装成新四军高级干部，向陈敬斋及其亲属讲明了我党纲领以及对日伪反正人员的政策，坚定了陈敬斋投靠我党的决心。从此，陈敬斋就委托“徐掌柜”作为与我党的联络人，并把贵宾室给他专用。

从 1943 年下半年至日军投降前夕，地下工委又先后争取了日伪河南省警务厅

厅长刘九思、民政厅厅长赵春岫等中上层人士反正。陈敬斋的侄儿陈秀五率领的警卫团变成了我军地下武装，于1944年底走上太行山。1944年春，陈敬斋参加日伪高级军事会议后，把日军收缩据点、移兵西进的情报提供给我军。

“七十年风雨沧桑，古城日新月异，祖国山河巨变。这些变化与‘徐掌柜’及其战友当年艰苦卓绝的抗日斗争是分不开的。”李善河说，“而‘徐掌柜’的真实身份，就是原中共冀鲁豫边区开封地下工委书记、原河南省人民检察院副检察长李冠卿同志。”

藏于照相馆的锄奸工作站

在开封市的寺后街曾有一家声名远扬的照相馆——美光照相馆。民国时期，它与乐仁堂药房、王大昌茶叶店、纶章绸缎庄合称为开封四大生意。但许多人不知道，这家照相馆还曾是八路军的锄奸工作站，在照相业务的掩饰下，工作人员发展组织、搜集情报，并掌握了一批国民党特务资料，为八路军锄奸工作作出巨大贡献。

1918年，河北人钱选清来汴，在东商场开了一家名为凌云阁的照相馆。之后东商场失火，凌云阁照相馆化为灰烬。钱选清不甘失败，立志东山再起，请开封名人张贞说合通融，由黄寿春筹资兴建美光照相馆。黄寿春是河北省青县人，曾任兰封、许昌等五县县长，天津市警察局司法科主任和二十九军旅部兵站站长等职，后弃官经商，颇有背景。

1927年5月，美光照相馆建成，开张营业。

美光照相馆设置别致，设施豪华，布局高雅。室内木制用具皆雕花并漆哑光漆，沉稳不失大方。二楼摄影室线毯铺地，奇花异草，香气袭人，各类布景栩栩如生，道具十分时髦。开业不久，“美光”从北京聘来“四大金刚”之一的刘奇舟作为摄影师，并聘请技师董风鸣。二人技术一流，所拍摄的照片构图新颖、用光讲究、色调和谐、形象逼真，“美光”生意红火、名噪一时。著名京剧表演艺术家梅兰芳、荀慧生赴汴演出，也专门到“美光”留影。一时“美光”门前车水马龙，形成“照相不问价格，取相不观优劣”的局面。

1943年秋，八路军总部锄奸部为加强敌占区的工作，决定在开封建立锄奸工作站。杨奇清部长指示刘清源利用其原在开封美光照相馆当学徒的条件回到开封，寻机站稳脚跟，筹备建站。刘清源和美光照相馆经理是老乡，回到开封，他找到美光照相馆的经理，佯称开封沦陷后，自己到陕西做生意，疲于奔命，难以度日，现在想回开封找点事干。刘清源留在照相馆后发现照相馆生意很好，而且与社会上各行各业的人特别是上层人士接触较多。东家黄寿春的后台是冯玉祥的大盟哥邓鉴三。在此建站比较安全，有便利的条件搜集情报和开展其他方面工作。

1944 年 9 月，经八路军总部锄奸部批准，开封工作站正式成立。长期隐蔽，建立组织，开展搜集敌特情报，弄清组织、人物、住址、活动情况，争取、分化、瓦解敌军，调查敌特组织等方面的工作。刘清源经过考察、培养，发展该店东家黄寿春的表弟、柜台营业先生胡桐生参加革命。

开封工作站利用美光照相馆广泛接触社会各界的有利条件，通过同乡、同学、亲友和从敌营中争取、分化出来的关系，先后调查掌握了日本宪兵队、领事馆、一四八一部队（武装特务机关）、酒井部队、伪警务厅、陇海铁路警务队、“反共”救国仁义社、中华同义会河南分会、开封绥靖公署、伪第五方面军总部、河南省保安司令部等处的组织、人员、编制情况以及部队驻防、作战计划等重要情报。

“从 1944 年 8 月开封工作站建立，至 1945 年 8 月抗日战争胜利，开封工作站成员以照相和其他职业为掩护，在日伪统治的中心开封，在敌特组织的内部，艰难地开展工作，圆满地完成组织安排的艰巨任务。”刘海永说，“开封工作站的这些工作，不仅为抗日战争的胜利作出了贡献，也为解放战争时期党在开封开展地下工作奠定了一定的基础。”

插入敌人心脏的尖刀

1943 年春，中共晋冀鲁豫区水东地委派张方明（张会文，化名耕耘）到开封活动，主要任务是建立中国共产党的组织，发展党员，收集社会动态和敌伪情报，领导当地群众斗争，介绍和输送知识分子、青年学生赴解放区参加工作。

《开封市志》第五册记载，张方明先到杞县大营村，4 月发展张本初入党，并在晁村集开一粮坊作为职业掩护，开始进行活动。10 月，张方明进入开封，不久，发展马忠先（高峰）入党，着手组织筹建工作。经过一年多的筹备和组织发展，中共水东地委开封城市工作小组正式成立，张方明为负责人。同时，经张方明同意，张本初发展了两名农村党员，建立了党小组，开辟了农村工作，张本初任组长，工作仍受张方明的单线直接领导。

中国共产党人在夺取政权的革命斗争中，除了在公开战场对敌交战，还在隐蔽战线进行了激烈交锋。《孙子兵法》曾阐述了战争的基本准则——知己知彼，百战不殆。无论是十八集团军前方总部情报处开封情报站、冀鲁豫开封工委，还是八路

军锄奸部开封工作站和水东地委开封城工小组，这些工作站的“地下尖兵”，搜集日伪大量重要情报，开展统战敌伪工作，配合根据地军民的抗日斗争，作出了卓越贡献。

开封市委党史研究室詹明燕说，当年党的地下工作最重要的目标是在政治上争取敌占区的人心。地下工作者多数在搞工运、农运、学运和秘密的统战，发动和组织群众拥护共产党，而不是搜集情报。例如，在解放战争中，中共隐蔽战线的最大成就，是发动国统区广大群众掀起轰轰烈烈的反饥饿、反内战的群众斗争。这些看似平凡却意义重大的工作在电影和文学作品如《风暴》《青春之歌》中有过不少表现。

世界上的隐蔽斗争有一个共同的活动原则，便是要求“普通化”而力戒“特殊化”。周恩来在 1928 年为党的地下工作人员规定了最早的工作准则，便是“尽量职业化、社会化”。地下工作人员的着装和日常行动都要求同社会上普通群众相近，既不要过于出众引人注目，也不要太穷酸招人讨厌。当年的地下工作人员接头，选择高档娱乐场所恰是大忌，因那里是敌方上层官员和警特出入之地。隐蔽工作的纪律之一，要求外出人员尽量避免在公开场合坐在漂亮女人身边，因敌特出于本能愿意盯着美女，对她们身边的男人自然也会引发兴趣，很容易引来盘查和关注。按照通俗的解释，混在人堆中就找不到，见过面后就没印象的人，才是地下工作者的最好人选。

郭有义、李瑞兰是谁？“徐掌柜”、刘清源又是谁？他们都是普通人，却为了民族大义肩负“非常使命”，完成了一项又一项“不可能任务”，所以，他们又是不平凡的。这些抗战时期的地下工作者在中国共产党的领导下，前仆后继，英勇奋战，用他们的勇敢和智慧，进行着一场场危机四伏、惊心动魄的暗战，如一把尖刀插入敌人心脏，为祖国和人民作出巨大贡献。

当年在开封战斗过的李冠卿回首这段“地下的往事”，依然清楚地记得他所做的主要工作。他无限感慨地说：“人世间最艰苦的日子我们经历了，生离死别最痛的时刻我们经历了，我们可以毫无愧色地对后人说，在民族存亡的关键时刻，我们挺身而出，付出了能付出的一切。”

开封人民的抗日斗争是中国抗日战争的组成部分，十四年的抗日战争中，英雄的开封人民在党的领导下，在白区、根据地两个不同的战场上，进行了艰苦卓绝的斗争，为抗日战争的胜利作出了不可磨灭的贡献。詹明燕说，特别是根据地的党政军民，在日、伪、顽、匪夹击，活动区域狭小的三角地带里，发动群众，组织武装，奋起抗日，经过前仆后继、英勇顽强的斗争，打败了日本侵略者，迎来了抗日战争的胜利。

（本文发表于2015年8月，选自《开封日报》）

延安的“福尔摩斯”——陈泊

文／郑金刚

1943年6月底，时任中共中央书记处书记的刘少奇在延安召开记者招待会，谴责军统密遣特务试图暗杀中共领导人毛泽东，一时之间中外舆论大哗。破获此次惊天大案的功臣，就是那位曾被毛泽东誉为“延安的‘福尔摩斯’”的布鲁。

陈　泊

延安情报界“三大奇才”之一

布鲁，真实姓名陈泊，原名卢茂焕，1909年出生于海南琼海的一个渔民之家。因为家境贫寒，早年的陈泊当过钳工，读过不长时间的夜校。1926年正式加入中国共产党，参加了当地的琼崖工农红军，很快就因作战勇敢、灵活被提升为副连长。在此期间，钳工出身的他还在当地创办了一所小型机械军工厂。到了1928年，由于琼崖的革命斗争受挫，陈泊被迫远走印尼苏门答腊岛，次年前往雅加达与马来亚共产党取得了联系，担任了马来亚总工会纠察总队队长，专门负责保卫、锄奸工作，从此开始以布鲁为别名。

1931年，马共新加坡区委书记李锦标被捕变节，助纣为虐，亲自带领警察大肆抓捕新加坡地下党员，气焰十分嚣张。为避免新加坡地下党组织遭到更大破坏，马共决定迅速采取刺杀李锦标的锄奸行动，并指令陈泊亲自负责执行。不幸的是，这次本来计划周密的刺杀计划，却因为在酒店等待刺杀时自制的炸弹意外爆炸，导致陈泊脸部、左眼严重受伤，整个左手掌被当场炸飞，昏迷不醒的他也因此被闻声赶来的警察抓捕。

陈泊深知当地警方并不知情，因此在审讯过程中始终咬定炸弹是别人扔进房间，自己只是无辜受害的住客。就这样在案件拖了将近一年之后，当地警方既找不到证据给陈泊定罪，又不甘心就此放人，最后只好以“危险分子”的名义，将陈泊解送出境。1936年底，陈泊终于与中共地下组织重新取得了联系，并经香港、广东辗转到了延安，成为延安保卫部门的一名侦察员。

当时正值国共第二次合作时期，国民党当局虽然承认了陕甘宁边区的合法地位，但同时屯重兵于周边对边区进行封锁、监视，并不断派遣军统特务潜入破坏，边区政府所在地延安也就自然而然成为敌我双方在隐蔽战线上较量的一个主战场。有着丰富地下斗争经验的陈泊，到延安以后很快就显现出了他在谍报方面的天才，屡建奇功，升任为边区保安处侦探科科长，并与中共中央社会部二室治安科科长陈龙、总政锄奸部侦察科科长钱益民一起，被誉为延安情报界“三大奇才”。

秘密战线多无名英雄，也多产生传奇，延安时期的陈泊也留下了不少传奇。据说，有一次陈泊获知，边区保卫部门抓获了一名伪装成《中央日报》记者的军统特务，目的是检查边区临近几个县里潜伏特工的“反共”成效。敢于冒险、好出奇招的陈泊以假代假，自己冒充军统特务，带着《中央日报》记者证，继续巡视各县。每到一处，当地潜伏特务纷纷专程前来“谒见”，尽心款待后奉上了早已准备妥当的各种材料。仅仅数天时间，陈泊就抓获了四十多个潜伏的特务。

“这个布鲁，真是我们延安的‘福尔摩斯’”

1942年初，时任边区保安处侦探科科长的陈泊，一举破获了汉中特训班大案，从此声名大振，并因此获得了“延安的‘福尔摩斯’”的称誉。

所谓的“汉中特训班”，又称“汉中特种技术训练班”，是1939年9月国民党重庆政府为实施向延安边区渗透、潜伏任务，由军事委员会调查统计局（“军统”）在汉中国民政府军事委员会天水行营开设的战时游击干部训练班，招募特务骨干进行专业培训，内容除“反共”教育外，还有射击、爆炸、暗杀及窃取情报的技术，毕业后分批潜入延安，搜集中共高层情报。汉中特训班开办后，国民党军统头子戴笠亲自兼任班主任，具体班务则由军统局内“反共专家”负责。至1942年初，汉中特训班已相继派遣数十名骨干学员潜入延安，其中有些人已成功渗透到了中共中央情报机关、部队、边区政府等要害部门。

1942年春节前夕，庆阳保卫部门抓获一名来自国统区的神秘男子，名叫陈兴林。在审讯过程中，陈兴林自称自己此来负有军统交办的重要使命，并表示弃暗投明。陈兴林交代，他本人本来是国民党军统汉中特训班一期至九期的教员，因为上年底胡宗南曾计划进攻延安，需要潜伏在延安的特务内应外合，于是这次派遣熟悉

各期特训班学员的陈兴林前来负责联络事宜。

陈兴林提供的情况引起了边区保安处高度重视。陈泊在与陈兴林彻夜长谈之后，判断其投诚是出自真心，遂建议对其进行攻心战，以此为突破口一举铲除潜伏在延安的汉中特训班特务成员。当时，陈兴林提出自己十分挂念家乡的母亲与妻子，希望能给他三天时间先回老家探亲。边区保安处内部多数同志表示激烈反对，认为陈兴林不过是借口探亲试图寻机逃脱。而陈泊则根据经验判断，陈兴林既然已主动交代如此重要情报，并且敢于说出自己家人所在，应该是真心投诚，因而不但可以同意其回家探亲的要求，甚至不必派人跟随或暗中监视，干脆让其能够自由来去。最后，中央社会部也表示同意陈泊的意见，并让陈泊代为赠送给陈兴林边币、食品等物。

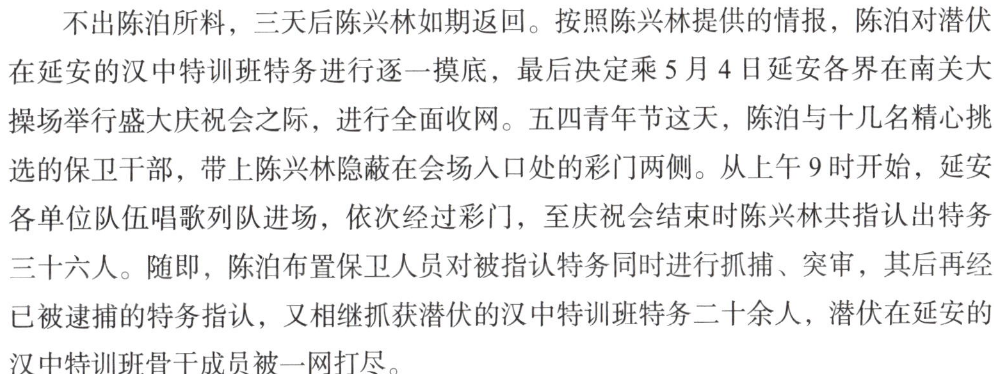

不出陈泊所料，三天后陈兴林如期返回。按照陈兴林提供的情报，陈泊对潜伏在延安的汉中特训班特务进行逐一摸底，最后决定乘 5 月 4 日延安各界在南关大操场举行盛大庆祝会之际，进行全面收网。五四青年节这天，陈泊与十几名精心挑选的保卫干部，带上陈兴林隐蔽在会场入口处的彩门两侧。从上午 9 时开始，延安各单位队伍唱歌列队进场，依次经过彩门，至庆祝会结束时陈兴林共指认出特务三十六人。随即，陈泊布置保卫人员对被指认特务同时进行抓捕、突审，其后再经已被逮捕的特务指认，又相继抓获潜伏的汉中特训班特务二十余人，潜伏在延安的汉中特训班骨干成员被一网打尽。

“汉中特训班”案是边区保安处破获的国民党特务机关潜入中共人数最多，潜伏范围最广的一次惊天大案。

胆大心细、敢于出奇制敌的陈泊一手破获军统“汉中特训班”大案，在中共保卫部门一时引起轰动。毛泽东闻之称之为“奇功”，同时又说：“这个布鲁，真是我们延安的‘福尔摩斯’！”

缜密精细，预先洞悉军统刺杀毛泽东阴谋

延安时期陈泊的又一奇勋，即是洞察先机，一举破获了军统实施刺杀毛泽东的“假田守尧”案。1943 年 6 月上旬，驻守陕北吴旗及富县的边区部队，相继向延安保卫部门报告两起武装特务偷越哨卡事件。虽然，上述两地的部队报告称，偷越边境的特务均被击毙，但这一反常的情况引起了陈泊的注意，多年的反特经验让他意识到近期延安可能有大事发生。在边区政府保卫部门的建议下，由中央军委保卫部牵头召开留守兵团、保安处、公安局等单位参加的联席会议，做出了加强延安防特反特工作的决定。

当时陈泊正担任边区保安处长，每天有一项日常工作即是阅看保安处抄来的中央主要领导同志日常活动的安排。6 月 20 日，陈泊在阅看领导日程表时注意到 6 月 22 日上午 10 时毛泽东将接见新四军第三师八旅旅长田守尧。这是个陌生的名字，而当陈泊找中央军委保卫部了解情况时，他立即觉察到这个所谓新四军旅长可能存在问题。军委保卫部参谋拿来的田守尧报到材料中，虽然十分详细记录了田旅长自 3 月上旬从华中出发，经渤海、冀东、平西，然后由晋西北进入边区的经过，但田本人却在抵达晋西北时发电报给中央军委，称自己所持介绍信丢失。

联系到最近接连发生边界特务偷越事件，陈泊立刻提出给晋西北的兵站发报查证。当天下午，当地兵站回电报告称并无新四军旅长田守尧经过之事。事关重大，陈泊当即一边单独隔离“田守尧”，一边加紧调查。经过两昼夜的突击审查，陈泊终于查明这个假冒新四军旅长田守尧身份之人实际是军统高级特工，混入延安的真实目的是寻机刺杀毛泽东。原来，这一年的 3 月，新四军第三师第八旅旅长田守尧一行从山东赴延安参加会议，在连云港与日军遭遇时不幸全部牺牲。事件发生后，当地军统部门获悉战死者身份，并立即密电重庆军统总部，戴笠认为这是一次大好机会，于是亲自策划由军统高级特工假冒田守尧身份，乘毛泽东接见之机进行刺杀的行动。由于中共对于真正的田守尧旅长遇难一事毫不知情，这个假冒的田守尧顺利地混入延安后，在中央军委招待所住了整整五天，并没有人对他的身份表示怀疑。如果不是陈泊心思缜密，抓住了军统暗杀计划中存在的微小破绽，两天后毛泽东接见假田守尧的后果也许不堪设想。

破获假田守尧刺杀毛泽东案，在政治上的重大意义是揭露了国民党重庆当局顽固“反共”的真面目，让其一时陷入了舆论旋涡，并不得不暂时停止制造更大规模的“反共”摩擦。同时，及时破获如此大案，也让陈泊这个延安的红色“福尔摩斯”声名大振。

（本文发表于 2014 年 3 月，选自《北京日报》）

抗战时潜入日本本土的中国特工

文／萨　苏

也许，我们永远无法确定你们是谁，但请你们接受后来的中国人一杯酒水的祭奠。只因为温泉关下三百勇士的墓地上有着这样的碑文：“旅人啊，去告诉我们的斯巴达人，我们矢忠死守，在这里粉身碎骨。”上面这段文字，是笔者在写这篇文章时忍不住先写下的。

右图疑为当时在日本活动的被日方跟踪、偷拍的中国地下工作人员。虽然身影模糊，但在中国抗日的历史舞台上，他是清晰而高大的。

在整个抗日战争中，中日两国的谍报战是一个神秘而充满悬疑的战场。中国方面，国共都十分重视对日谍报战和特工的运用。然而，有一个话题始终是一个谜团：在抗战时期，我国是否曾派出特工深入日本本土活动？

尽管日本在整个二战中，对于盟国方面的谍报渗透警戒森严，笔者近来在日本发现的一批档案材料却显示，抗日战争中，中国方面的确曾在日本本土发展出了自己的谍报组织，而且其覆盖范围极广，甚至连偏远的北海道都有人员分布，并给日方带来了相当大的打击和恐慌。

旧杂志中发现史料线索

让笔者注意到中国特工人员在日本本土活动这个课题的，是在日本政府的报告中。在战争期间，日本政府定期向各级机关发行被称作《周报》的政府报告，并在其中向日本公务人员布置相关工作和解释近期工作要点。

日本政府 1942 年 7 月 5 日发行的《周报》第三〇一号中，除了日常工作之外，特设了两个专题：一是太平洋战争爆发后紧急建造战时标准运输船的相关事务；二是防范盟军方面的谍报渗透。在第二项专题下，《スパイ事件の実例（间谍活动的实例）》中提到，在一起破获的案件中，中国间谍试图使用燃烧弹和高性能炸药对日本本土实施“恐怖袭击”，并将组织这一行动的中国特工人员称为“重庆谋略团”。

这些中国特工究竟是何许人也？有没有可能找到更翔实的资料呢？于是，笔者开始了一次颇不容易的查找，这个神秘的中国特工案却始终一无所获。本来已经准备放弃，但笔者一天在一家旧书店翻看古旧书籍的时候，偶然看到一本 1942 年 7 月出版的旧杂志。抱着随意的态度打开，却忽然看到了这样一个题目——《重庆侧谋略团事件》。

这本杂志就是发行于 1942 年 7 月 15 日的日本《写真周报》第二二九号，在该期杂志“大日本防谍周”（1942 年 7 月 13—19 日）活动的专辑中，于第十三页有一篇专文，谈日军破获的一起中国特工组织在日本本土的活动情况。

《写真周报》第二二九号封面

“写真”即日语“照片”之意，随着中国对日持久战的展开，日本军国主义政府急需一种面向大众的刊物，来达到其宣传目的。《写真周报》就是在这种情况下产生的。这本杂志是由日本情报局编辑，内阁印刷局监制的，创刊于 1938 年，具有强烈的官方色彩。内容主要是通过图文宣传日本军国主义政府的政策，炫耀其武功等。但是，正是由于其特殊身份，既有充足的情报源，审查部门又不敢对其过于放肆，不经意间，也会透露出一些本来被日军封锁的消息。

中国特工人员在日本的行动，便是其中之一。

设立专门小组研制炸药

让我们回到《写真周报》的这篇文章。

从《重庆侧谋略团事件》一文可以看出，这个最终被日本军警侦破的中国特工组织颇具规模，其公开身份主要是伪满洲国在日本的留学生和在日的华侨。且把这篇文章翻译如下：

该间谍团的主要负责人，是潜伏在东京市内，以留日学生身份在某大学文科学院就读的商林森（化名）。在他的领导下，则为东京、京都、广岛、九州、北海道各区负责人。该谍报团存在的目的是在帝国各大重要城市设立地下组织，为（中国的）对日抗战服务。

该组织在帝国本土的工作内容，主要包括两方面：第一为爆破、放火等特工行动，第二为开展宣传活动。

由于我军警防范监视甚严，为了能够实施爆破、放火等行动，商林森特在组织中设置了一个专门的技术小组，由三名部下项德秀、同容良、刘希远（均为化名）组成，设法就地研制爆破信管和高性能炸药。其攻击目标，锁定为我国实施战争至为重要的本土军事设施，以及资源储藏仓库。其研发过程颇为顺利。

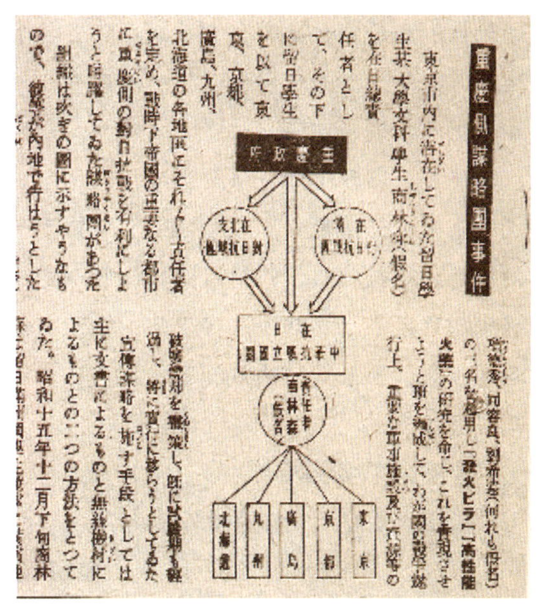

重慶側謀略團事件

東京市内に潜在してゐた留日學生某大學文科學生商林森（假名）を在日總責任者として、その下に留日學生を以て東京、京都、廣島、九州、北海道の各地區にそれぞれ責任者を定め、戰時下帝國の重要なる都市に[illegible]對日抗戰を有利にしようと暗躍してゐた謀略團があつた。組織は次圖に示すやうなもので、彼等が内地で行はうとした[illegible]

項德秀、同容良、劉希遠（何れも假名）の三名を起用し「發火ビラ」「高性能火薬」の研究を命じ、これを實現させようと班を編成して、わが國の戰爭遂行上、重要な軍事施設及び資源等の破壞[illegible]を計畫し、既に試驗期を經過し、將に實行に移らうとしてゐた。

宣傳謀略を施す手段としては主に文書によるものと無線機材によるものとの二つの方法をとつてゐた。昭和十五年十二月下旬商林森は[illegible]

《写真周报》中对“重庆侧谋略团事件”的报道及其组织结构图分析

尽管该组织的武装破坏行动不但有技术上的准备，而且已经通过对日方军事和资源设施的调查，做出了实施攻击的计划书，但是直到被破获，该组织并没有真正在日本本土发起大规模的袭击行动。实际上，根据史料的记载，曾有多个中国地下组织试图在日本发起袭击，但是，这些袭击大多停留在纸面上，原因何在呢？

笔者推测其原因大致有三：第一，这些中国地下组织的主要成员均为在日留学生，而 1937 年卢沟桥事变后，大部分中国留学生回国，在日学生不过数百人，伪满建立后，也不过增加到三千人。因为人数较少，所以在日的中国留学生会受到日方特别的监控，而且由于周围日本人的警惕，不易开展袭击行动。第二，由于中日之间的地理原因，在日的中国地下组织无从得到实施武装袭击的装备，只能自力更生。这恐怕是“重庆谋略团”专门设立研究小组的原因。但即便技术上可以实现，要想得到足够发起一次爆破所需的炸药，也不是实验室里可以轻易产生的。第三，考虑到这些地下组织在情报和宣传方面有更高的价值，若直接实施武装行动，易于被对方破获而丧失在敌内部的重要情报源，所以上级部门不鼓励其进行袭击、爆破等行动。

这些地下组织在情报、宣传等方面的确取得较大成果。让我们继续看《写真周报》中对于中国地下组织的描述：

该组织以制作散发宣传品和无线电系统为主要宣传手段，多次发起行动。昭和十五年（1940 年）十二月下旬，商林森指挥在横滨地区，针对留日满洲国学生较多

的地区和华侨居住区制作“反满抗日贺年卡”达数千张之多，并全部切实秘密送达发放对象手中。而昭和十六年（1941 年）十二月底，他们又大量制作抗日传单，准备散发而未成。

此外，昭和十六年一月左右，以该组织负责情报的参谋陈钟乔为首，与另一名成员李国仁组成无线电班。他们主要致力于情报用无线电设备的制作，其设计的长短波无线电接收机、广播用高性能电台都是堪称优秀的无线电通信装置，而且都成功地制作完成了。只用这些设备，他们不但和重庆建立了情报通道，接收重庆方面各种指令，而且巧妙地建立了针对在日华人和满洲国人的地下电台，向他们传播抗日思想。

尽管他们实施活动甚多，且有进一步的计划，但在我 ×× 部门的积极侦破之下，上述人员终于全部被破获逮捕。

他们到底是谁?

从 1941 年底这一地下组织试图发放抗日传单，已经印刷但没有来得及实施看，该组织的破获时间应就在 1941 年 12 月中。那么，这个地下组织是隶属于中国哪个谍报部门呢?

既然日方提供的资料表明该组织属于“重庆”系统，第一个可能便是当时曾十分活跃的军统特工。这批在日本活动的中国特工是不是军统人员呢?

可别说，从组织结构图看，还真有些像。原因是《写真周报》里日本人绘制的图表中，这个“重庆谋略团”和华北的“抗日杀奸团”是并列的。抗日杀奸团部分领导人是有军统背景的，如此看来，活跃在日本本土的“重庆谋略团”有可能是军统的又一个外围组织。

但根据国民党早期在日本活动情况推测，其主要依赖者，是当地有一定势力的黑社会或华侨侨领，他们更多时候是为利益服务，脚踩两只船，轻易不肯冒险，不是直接出面的一线人物。因此，让他们做发传单、地下广播等前端工作的可能性不大。实际上，军统内部人员也从无人在回忆中显示过其在日本曾有一个“谋略团”。所以，笔者认为这个“谋略团”和军统应无关系。

那么，会不会是共产党的红色组织，被日方误以为是重庆派来的呢? 共产党在日本的确有不小的组织。但是，菊池一隆和曲晓范合著的《抗日战争时期旅日中国留学生的救亡活动》显示，因为发展组织过于急切，中共东京支部在 1939 年遭到破坏，其领导人汪叔子及三十六名成员被捕。而“重庆谋略团”的活动高峰似在 1940 年至 1941 年，双方存在活动时间的差异。所以，这个组织似乎也不是共产党领导的。

这时，一个名字偶然地进入了笔者的视野，那就是——伊作衡。牺牲于 1943 年 5 月 7 日的伊作衡的名字，曾出现在多名抗战时期中共地下工作者的回忆之中。共产党在东北的外围组织成员刘丹华、高方被捕后，伊作衡就被押在对面一侧牢房内，这位经验丰富的老地下工作者帮助他们串供，终于使他们得以脱险。在入狱前，他也曾舍身掩护和营救共产党员，并节衣缩食资助同学去延安。

然而，伊作衡，却是一名国民党人。在抗战中，他主要以记者身份活动于东北地区，真正的职务是中统东北调查室哈尔滨分室主任，奔走在哈尔滨、吉林等地，搜集情报，宣传反满抗日，发展抗日组织。

1941 年 12 月 15 日，正在做动员伪军工作的伊作衡因叛徒出卖被捕。就在此前不久，伊作衡刚刚会见了中共代表，推心置腹地表示：大敌当前，要万众一心，团结抗日。他在狱中受尽酷刑而不屈服，仍坚持组织抗日活动并传递情报。伊作衡 1943 年被日伪当局杀害，年仅三十一岁。他在牺牲前为难友写诗留念道："浮生如一梦，无志空白头，杀身应取义，轻死赴国仇。"死后同时进了国民党的忠烈祠和共产党的烈士陵园。

他的一段经历，引起了笔者的注意。《民国人物志》中记载，1940 年 9 月，伊作衡接受国民党东北党务办事处辽宁省专员罗庆春（罗大愚）的派遣，去日本东京，以留学生身份化名为富衡，担任国民党在日本的抗日团体总负责人。1941 年 6 月 22 日，苏德战争爆发后，伊作衡被从日本召回。

伊作衡的活动时间与内容，正好与"重庆谋略团"不谋而合，所以，笔者推测，这个日本本土的地下抗日组织，很可能是在伊作衡领导下的。按照我方的记载，真正的名字应该叫作"中华救国团"。笔者甚至怀疑，伊作衡就是日本人提到的"商林森"。

然而，继续查看历史资料的结果，让笔者修改了自己的判断：所谓"商林森"，更像是伊作衡的前任——贾桂林。贾桂林生平已不可考，只知道他原来是冯庸大学学生，国民党人，曾参加在上海辅助十九路军抗战的冯庸大学义勇军，此后多次组织抗日团体。1936 年，他作为"满洲国留学生"到日本早稻田大学文学部读书，实际暗中发展地下组织。1940 年 1 月，他接受罗庆春的委任，负责在日学生的抗日指导工作，以期将抗日工作延伸到日本。贾桂林回到日本后，建立"中华救国团"，先后有京都大学、东京工业大学等多所大学的"满洲国留学生"经秘密介绍，宣誓参加该团体。

"贾"，是"商贾"中的一字，"桂林"与"林森"含义相似。因此，贾桂林，很可能就是日本人所描述的"商林森"。

贾桂林在1940年夏天被捕，所以，才有1940年9月伊作衡到日本接替他，继续开展工作，发展组织的情况。1940年底在横滨散发抗日传单的行动，应该就是伊作衡组织的。值得注意的是，伊作衡被捕的时间，正是在日本“中华救国团”被破获的时间，不能不让笔者怀疑这两起事件之间的联系。似乎可以这样推断：出卖伊作衡的叛徒属于中统内部人员，同时出卖了在日本的“中华救国团”。

尽管还需要进一步的证据，但日方所说的“重庆谋略团”之真面目，似乎已经呼之欲出了。

无论党派或者出身，人们所敬重的，是他们共同为这片土地的牺牲。

（本文发表于2011年11月，选自《中国国防报》）